달인의 랩통 고등한국사

근현대 편

달인의 랩통 고등한국사 : 근현대편

지은이 이재령
펴낸이 임상진
펴낸곳 (주)넥서스

초판 1쇄 발행 2017년 7월 30일
초판 2쇄 발행 2017년 8월 5일

출판신고 1992년 4월 3일 제311-2002-2호
10880 경기도 파주시 지목로 5
Tel (02)330-5500 Fax (02)330-5555

ISBN 979-11-6165-057-9 53910

가격은 뒤표지에 있습니다.
잘못 만들어진 책은 구입처에서 바꾸어 드립니다.
www.nexusbook.com

시험, 상식, 교양을 위한 랩으로 통암기하는 한국사 청소년 필독서

달인의 랩통 고등한국사

근현대 편

이재령 지음

넥서스

이 책을 펴내며

요즘 '한국사 열풍'이 불었다 해도 과언이 아닙니다. 2017학년도 수능부터 한국사가 필수가 되고, 공무원 및 교원 임용 시험, 각 기업의 신규 채용이나 승진 등에서도 한국사능력검정시험 자격증 등 한국사 능력을 필수적인 평가 요소로 제시되고 있습니다. 이렇게 우리 역사에 대한 기본적인 지식과 역사적 사고력을 필수적으로 평가하겠다는 것은 그만큼 역사 교육의 중요성이 대두되고 있다는 뜻입니다.

그래서 '어떻게 하면 재미있게 우리 역사를 공부할 수 있을까?'라는 고민에서부터 출발했던 『랩으로 통암기하는 한국사 교과서』 기본편이 여러분들의 많은 성원에 힘입어 『달인의 랩통 고등한국사』(전근대편/근현대편)로 발전하여 출간하게 되었습니다. 『랩통 한국사 기본편』이 우리 역사의 전체적인 흐름과 중요 역사적인 내용을 스토리텔링식으로 노래했다면, 『달인의 랩통 고등한국사』는 고등학교 교육 과정에 맞추어 더욱 자세한 내용과 시험에 꼭 나오는 역사 용어 중심의 내용을 다양한 장르의 노래에 담았습니다.

또한 본 책은 87개(mp3 파일 30개)의 랩송 외에 본 도서의 내용으로 만든 뮤직 비디오와 동영상 강의가 별도로 판매되고 있습니다. 이들과 함께 본 책을 공부한다면 훨씬 재미있고 알찬 한국사 공부가 될 것입니다.

이 책의 학습법은 총 5단계로 구성되어 있습니다.

먼저 노래를 통해 각 시대의 중요 내용과 흐름을 파악합니다.

두 번째로 다양한 사료와 자료를 통해 세부적인 개념 정리를 하고,

세 번째로 표를 통해 전체적인 내용을 다시 정리했습니다.

네 번째는 스스로 노래 가사를 유추하면서 빈칸을 채워보는 시간을 통해 배운 내용을 확인할 수 있도록 했으며,

마지막 문제 풀이를 통해 재점검하도록 했습니다. 따라서 여러분들은 랩통 5단계 학습법을 통해 고등학교 내신을 물론 수능, 한국사능력시험까지 여러 마리 토끼를 한 번에 잡을 수 있을 거라 확신합니다.

모든 교육은 한 사람이 길을 만들어 갈 때 길잡이 역할을 해주는 것이라고 생각합니다. 그런 면에서 '한국사 교육'은 우리 선조들이 걸어간 길을 통해 여러분들이 "어떤 길을 갈까?" 하는 의구심에 조금이나마 길을 밝혀주기 위한 교육이자 기성세대의 의무입니다. 학교 시험이나 자격증, 대학에 가기 위해 어쩔 수 없이 한국사를 공부하기보다는 우리 역사에 흥미를 느끼고 재미있게 공부하셔서 여러분들의 앞날에 『랩통 고등한국사』가 한국인의 자부심을 갖게 하는 행복한 길잡이 역할을 했으면 좋겠습니다.

저자_이재령

파트별 공부법

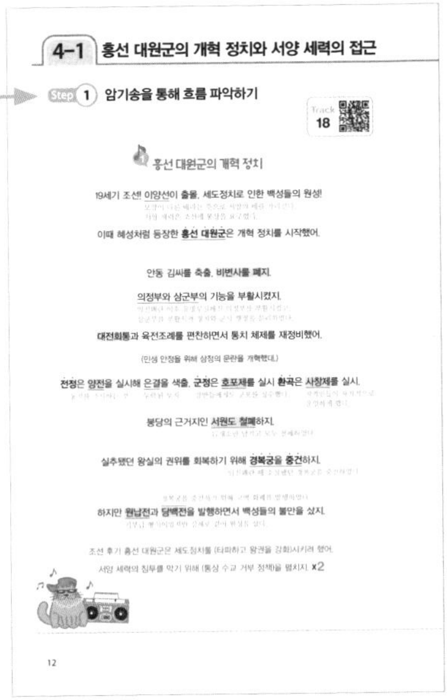

4-1 홍선 대원군의 개혁 정치와 서양 세력의 접근

Step 1 암기송을 통해 흐름 파악하기

Track 18

홍선 대원군의 개혁 정치

19세기 조선! 이양선이 출몰, 세도정치로 인한 백성들의 원성!

이때 혜성처럼 등장한 홍선 대원군은 개혁 정치를 시작했어.

안동 김씨를 축출, 비변사를 폐지.

의정부와 삼군부의 기능을 부활시켰지.

대전회통과 육전조례를 편찬하면서 통치 체제를 재정비했어.

(민생 안정을 위해 삼정의 문란을 개혁했대.)

전정은 양전을 실시해 은결을 색출, 군정은 호포제를 실시 환곡은 사창제를 실시.

붕당의 근거지인 서원도 철폐하지.

실추됐던 왕실의 권위를 회복하기 위해 경복궁을 중건하지.

하지만 원납전과 당백전을 발행하면서 백성들의 불만을 샀지.

조선 후기 홍선 대원군은 세도정치를 (타파하고 왕권을 강화)시키려 했어.

서양 세력의 침투를 막기 위해 (통상 수교 거부 정책)을 펼치지. x2

12

STEP 1

- 암기송을 들으면서 스토리와 역사의 흐름을 파악한다.
- 특허로써 시도되는 암기송은 이 랩통이 처음이다.
- 중요 내용에는 부연 설명으로 추가적인 지식 습득과 이해력을 돕는다.

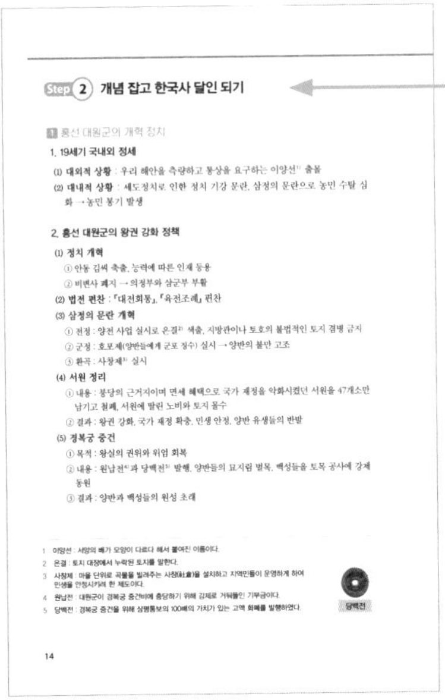

Step 2 개념 잡고 한국사 달인 되기

1 홍선 대원군의 개혁 정치

1. 19세기 국내외 정세

(1) 대외적 상황 : 우리 해안을 측량하고 통상을 요구하는 이양선[1] 출몰

(2) 대내적 상황 : 세도정치로 인한 정치 기강 문란, 삼정의 문란으로 농민 수탈 심화 → 농민 봉기 발생

2. 홍선 대원군의 왕권 강화 정책

(1) 정치 개혁

① 안동 김씨 축출, 능력에 따른 인재 등용

② 비변사 폐지 → 의정부와 삼군부 부활

(2) 법전 편찬 : 『대전회통』, 『육전조례』 편찬

(3) 삼정의 문란 개혁

① 전정 : 양전 사업 실시로 은결[2] 색출, 지방관이나 토호의 불법적인 토지 겸병 금지

② 군정 : 호포제(양반들에게 군포 징수) 실시 → 양반의 불만 고조

③ 환곡 : 사창제[3] 실시

(4) 서원 정리

① 내용 : 붕당의 근거지이며 면세 혜택으로 국가 재정을 악화시켰던 서원을 47개소만 남기고 철폐, 서원에 딸린 노비와 토지 몰수

② 결과 : 왕권 강화, 국가 재정 확충, 민생 안정, 양반 유생들의 반발

(5) 경복궁 중건

① 목적 : 왕실의 권위와 위엄 회복

② 내용 : 원납전[4]과 당백전[5] 발행, 양반들의 묘지림 벌목, 백성들을 토목 공사에 강제 동원

③ 결과 : 양반과 백성들의 원성 초래

1 이양선 : 서양의 배가 모양이 다르다 해서 붙여진 이름이다.
2 은결 : 토지 대장에서 누락된 토지를 말한다.
3 사창제 : 마을 단위로 곡물을 빌려주는 사창(社倉)을 설치하고 지역민들이 운영하게 하여 민생을 안정시키려 한 제도이다.
4 원납전 : 대원군이 경복궁 중건비에 충당하기 위해 강제로 거둬들인 기부금이다.
5 당백전 : 경복궁 중건을 위해 상평통보의 100배의 가치가 있는 고액 화폐를 발행하였다.

당백전

14

STEP 2

- 인과 관계로 풀어쓴 설명을 통해 세부 내용을 파악한다.
- 지도와 사진 등의 시각적 자료와 함께 공부한다.
- 역사적 용어나 어려운 단어는 아래 각주를 통해 확인한다.
- 사료를 통해 각 시대의 상황이나 내포된 의미를 해석한다.

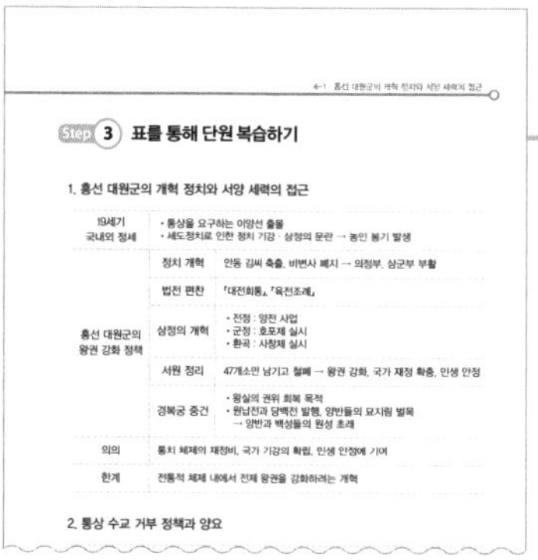

4-1 흥선 대원군의 개혁 정치와 서양 세력의 접근

Step 3 표를 통해 단원 복습하기

1. 흥선 대원군의 개혁 정치와 서양 세력의 접근

19세기 국내외 정세	• 통상을 요구하는 이양선 출몰 • 세도정치로 인한 정치 기강 · 삼정의 문란 → 농민 봉기 발생	
흥선 대원군의 왕권 강화 정책	정치 개혁	안동 김씨 축출, 비변사 폐지 → 의정부, 삼군부 부활
	법전 편찬	『대전회통』, 『육전조례』
	삼정의 개혁	• 전정 : 양전 사업 • 군정 : 호포제 실시 • 환곡 : 사창제 실시
	서원 정리	47개소만 남기고 철폐 → 왕권 강화, 국가 재정 확충, 민생 안정
	경복궁 중건	• 왕실의 권위 회복 목적 • 원납전과 당백전 발행, 양반들의 묘지림 벌목 → 양반과 백성들의 원성 초래
의의	통치 체제의 재정비, 국가 기강의 확립, 민생 안정에 기여	
한계	전통적 체제 내에서 전제 왕권을 강화하려는 개혁	

2. 통상 수교 거부 정책과 양요

STEP 3

- 각 부분의 중요 내용은 표를 통해 한 번 더 복습한다.
- 용어만으로도 내포된 뜻과 시대적 배경을 이해할 수 있다.

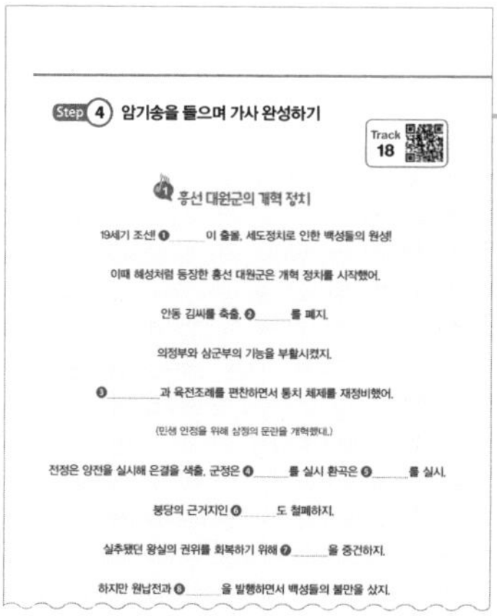

Step 4 암기송을 들으며 가사 완성하기

Track 18

흥선 대원군의 개혁 정치

19세기 조선! ❶______이 출몰, 세도정치로 인한 백성들의 원성!

이때 혜성처럼 등장한 흥선 대원군은 개혁 정치를 시작했어.

안동 김씨를 축출, ❷______를 폐지.

의정부와 삼군부의 기능을 부활시켰지.

❸______과 육전조례를 편찬하면서 통치 체제를 재정비했어.

(민생 안정을 위해 삼정의 문란을 개혁했네.)

전정은 양전을 실시해 은결을 색출, 군정은 ❹______를 실시 환곡은 ❺______를 실시.

붕당의 근거지인 ❻______도 철폐하지.

실추됐던 왕실의 권위를 회복하기 위해 ❼______을 중건하지.

하지만 원납전과 ❽______을 발행하면서 백성들의 불만을 샀지.

STEP 4

- 먼저 암기송을 듣지 않고 기억나는 부분이나 문맥을 유추하여 적어본다.
- 각 소단원의 내용을 확인하고 암기송을 들으며 빈칸을 채운다.
- 틀리는 부분이 있으면 반복적으로 들으며 빈칸을 완성한다.
- 완성된 가사를 암기송과 함께 한 번 더 들으며 암기한다.
- 반주(MR) 음원을 통해 노래를 따라 불러보며 완벽하게 암기한다.(선택)

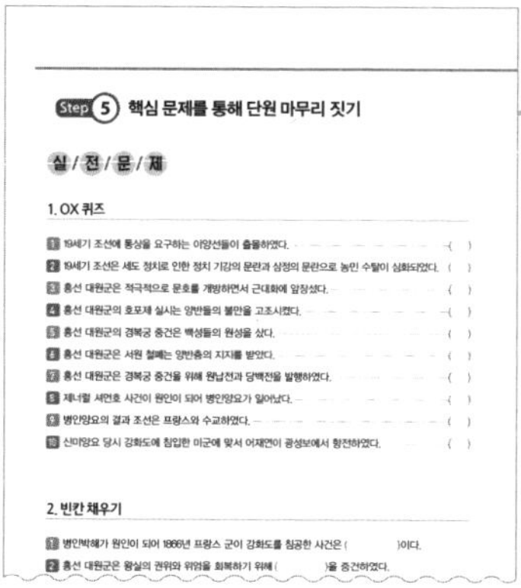

Step 5 핵심 문제를 통해 단원 마무리 짓기

실 / 전 / 문 / 제

1. OX 퀴즈

1 19세기 조선에 통상을 요구하는 이양선들이 출몰하였다. ( )
2 19세기 조선은 세도 정치로 인한 정치 기강의 문란과 삼정의 문란으로 농민 수탈이 심화되었다. ( )
3 흥선 대원군은 적극적으로 문호를 개방하면서 근대화에 앞장섰다. ( )
4 흥선 대원군의 호포제 실시는 양반들의 불만을 고조시켰다. ( )
5 흥선 대원군의 경복궁 중건은 백성들의 원성을 샀다. ( )
6 흥선 대원군은 서원 철폐는 양반층의 지지를 받았다. ( )
7 흥선 대원군은 경복궁 중건을 위해 원납전과 당백전을 발행하였다. ( )
8 제너럴 셔먼호 사건이 원인이 되어 병인양요가 일어났다. ( )
9 병인양요의 결과 조선은 프랑스와 수교하였다. ( )
10 신미양요 당시 강화도에 침입한 미군에 맞서 어재연이 광성보에서 항전하였다. ( )

2. 빈칸 채우기

1 병인박해가 원인이 되어 1866년 프랑스 군이 강화도를 침공한 사건은 ( )이다.
2 흥선 대원군은 왕실의 권위와 위엄을 회복하기 위해 ( )을 중건하였다.

STEP 5

- 혼동되기 쉬운 문제를 통해 단원 내용을 정확히 숙지했는지 확인한다.
- 틀린 문제나 이해가 안 되는 부분이 있으면 다시 **Step 2**로 돌아가서 학습한다.
- 평소에도 틈틈이 암기송을 듣거나 책을 소지하여 공부한다.

Contents

Part 1~3은 『달인의 랩통 고등한국사: 전근대편』에 수록되어 있습니다.

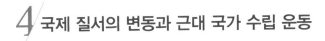

4 국제 질서의 변동과 근대 국가 수립 운동

5 일제의 강점과 민족 운동의 전개

6 대한민국의 발전과 현대 세계의 변화

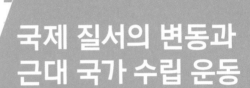

4 국제 질서의 변동과 근대 국가 수립 운동

4-1 흥선 대원군의 개혁 정치와 서양 세력의 접근

Step 1 암기송을 통해 흐름 파악하기

Track 18

1 흥선 대원군의 개혁 정치

19세기 조선! 이양선이 출몰, 세도정치로 인한 백성들의 원성!
모양이 다른 배라는 뜻으로 서양의 배를 가리킨다.
서양 세력은 조선에 통상을 요구했다.

이때 혜성처럼 등장한 **흥선 대원군**은 개혁 정치를 시작했어.

안동 김씨를 축출, 비변사를 폐지.

의정부와 삼군부의 기능을 부활시켰지.
임진왜란 이후 유명무실해진 의정부를 부활시켰고,
삼군부를 부활시켜 정치와 군사 행정을 분리하였다.

대전회통과 육전조례를 편찬하면서 통치 체제를 재정비했어.

(민생 안정을 위해 삼정의 문란을 개혁했대.)

전정은 양전을 실시해 은결을 색출, **군정**은 호포제를 실시 **환곡**은 사창제를 실시.
농지를 조사하는 것 / 누락된 토지 / 양반들에게도 군포를 징수했다. / 지역민들이 자치적으로 운영하게 했다.

붕당의 근거지인 서원도 철폐하지.
47개소만 남기고 모두 철폐하였다.

실추됐던 왕실의 권위를 회복하기 위해 **경복궁**을 **중건**하지.
임진왜란 때 소실됐던 경복궁을 중건하였다.

경복궁을 중건하기 위해 고액 화폐를 발행하였다.
하지만 원납전과 당백전을 발행하면서 백성들의 불만을 샀지.
기부금 형식이었지만 강제로 걷어 원성을 샀다.

조선 후기 흥선 대원군은 세도정치를 (타파하고 왕권을 강화)시키려 했어.

서양 세력의 침투를 막기 위해 (통상 수교 거부 정책)을 펼치지. x2

♪2 통상 수교 거부 정책과 양요

서양 세력 조선에 통상을 요구, **흥선 대원군**은 통상 수교 거부 정책을 펼쳐.

프랑스는 병인박해를 구실로 강화도를 침략 병인양요 발생.
천주교 선교사와 신도들을 처형했던 사건이다. 프랑스 로즈 제독이 강화도를 점령하였다.

문수산성에서 한성근 부대, 정족산성에서 양헌수 부대 이겨냈지.

하지만 프랑스군이 철수하면서 외규장각이 불타 없어졌어.
외규장각에 소장되어 있던 의궤를 비롯한 서적들이 약탈당하였다.

덕산에서 남연군 묘를 도굴하려는 **오페르트 도굴 미수 사건** 발생.
독일 상인 오페르트가 통상 요구를 거절당하자 흥선 대원군의 아버지, 남연군 묘를 도굴하려다 실패한 사건이다.

미국은 제너럴 셔먼호 사건을 구실 강화도를 침략해 신미양요 발생.
미국 상선이 통상 요구를 거절하자 약탈을 자행해 평양 관민들이 제너럴 셔먼호를 침몰시킨 사건이다.

어재연의 광성보 전투 미군을 막아냈고,

서양 열강에 대한 적개심이 고조되자 대원군은 전국 각지에 척화비를 건립.
서양과 수교 거부 의지를 전국에 알렸다.

조선 후기 흥선 대원군은 세도정치를 (타파하고 왕권을 강화)시키려 했어.

서양 세력의 침투를 막기 위해 (통상 수교 거부 정책)을 펼치지. **x2**

Step 2 개념 잡고 한국사 달인 되기

1 흥선 대원군의 개혁 정치

1. 19세기 국내외 정세

(1) **대외적 상황** : 우리 해안을 측량하고 통상을 요구하는 이양선[1] 출몰

(2) **대내적 상황** : 세도정치로 인한 정치 기강 문란, 삼정의 문란으로 농민 수탈 심화 → 농민 봉기 발생

2. 흥선 대원군의 왕권 강화 정책

(1) **정치 개혁**

① 안동 김씨 축출, 능력에 따른 인재 등용

② 비변사 폐지 → 의정부와 삼군부 부활

(2) **법전 편찬** : 『대전회통』, 『육전조례』 편찬

(3) **삼정의 문란 개혁**

① 전정 : 양전 사업 실시로 은결[2] 색출, 지방관이나 토호의 불법적인 토지 겸병 금지

② 군정 : 호포제(양반들에게 군포 징수) 실시 → 양반의 불만 고조

③ 환곡 : 사창제[3] 실시

(4) **서원 정리**

① 내용 : 붕당의 근거지이며 면세 혜택으로 국가 재정을 악화시켰던 서원을 47개소만 남기고 철폐, 서원에 딸린 노비와 토지 몰수

② 결과 : 왕권 강화, 국가 재정 확충, 민생 안정, 양반 유생들의 반발

(5) **경복궁 중건**

① 목적 : 왕실의 권위와 위엄 회복

② 내용 : 원납전[4]과 당백전[5] 발행, 양반들의 묘지림 벌목, 백성들을 토목 공사에 강제 동원

③ 결과 : 양반과 백성들의 원성 초래

---

1 이양선 : 서양의 배가 모양이 다르다 해서 붙여진 이름이다.

2 은결 : 토지 대장에서 누락된 토지를 말한다.

3 사창제 : 마을 단위로 곡물을 빌려주는 사창(社倉)을 설치하고 지역민들이 운영하게 하여 민생을 안정시키려 한 제도이다.

4 원납전 : 대원군이 경복궁 중건비에 충당하기 위해 강제로 거둬들인 기부금이다.

5 당백전 : 경복궁 중건을 위해 상평통보의 100배의 가치가 있는 고액 화폐를 발행하였다.

당백전

(6) **의의 및 한계**
① 의의 : 통치 체제의 재정비, 국가 기강의 확립, 민생 안정에 기여
② 한계 : 전통적 체제 내에서 전제 왕권을 강화하려는 개혁

2 통상 수교 거부 정책과 양요

1. 통상 수교 거부 정책

(1) **배경** : 이양선 출몰, 영국 · 프랑스 · 미국 등이 조선에 통상 요구, 천주교 교세 확장, 청과 일본의 문호 개방
(2) **대응** : 서양의 통상 요구 거부 및 서양 물품의 유입을 금지

2. 병인양요(1866)

(1) **원인** : 러시아의 연해주 차지 → 러시아의 남하를 견제하기 위해 흥선 대원군은 프랑스 선교사를 통해 프랑스와 교섭 시도 → 실패 → 천주교 금지를 주장하는 여론 확산 → 병인박해(1866)[6] 발생
(2) **전개** : 로즈 제독의 프랑스군이 강화도 점령 → 한성근 부대(문수산성), 양헌수 부대(정족산성)가 프랑스군 격퇴
(3) **결과** : 프랑스군이 철수하면서 외규장각에 보관된 의궤 및 도서 359권 약탈, 외규장각 건물 소실

3. 오페르트 도굴 미수 사건(1868)

(1) **전개** : 독일 상인 오페르트가 통상 요구를 거절당하자 흥선 대원군의 아버지 남연군 묘(충남 덕산)를 도굴하려다 실패
(2) **결과** : 서양 열강에 대한 반감 고조 및 통상 수교 거부 정책 강화

4. 신미양요(1871)

(1) **원인** : 제너럴 셔먼호 사건[7](1866)
(2) **전개** : 로저스 제독의 미국 함대가 강화도 침략(초지진 · 덕진진 점령) → 어재연 부대(광성보 전투)의 항전 → 미군 철수
(3) **결과** : 전국 각지에 척화비 건립

6 병인박해 : 프랑스 선교사를 비롯한 8,000여 명의 천주교도들 체포 · 처형한 사건이다.
7 제너럴 셔먼호 사건 : 미국 상선 제너럴 셔먼호가 대동강을 거슬러 올라와 통상을 요구했으나 거절하고, 선원들의 횡포와 약탈에 대항하여 평양 감사 박규수를 비롯한 관민들이 제너럴 셔먼호를 불태워 침몰시킨 사건이다.

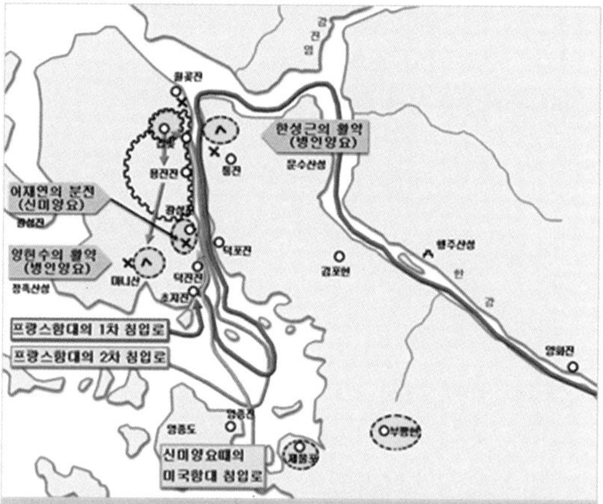

병인양요와 신미양요

척화비

洋夷侵犯 非戰則和 主和賣國
"서양 오랑캐가 침입하는데,
싸우지 않으면 화친하자는 것이니,
화친을 주장함은 나라를 파는 것이다"

戒我萬年子孫 丙寅作 辛未立
"우리들의 만대 자손에게 경계하노라.
병인년에 짓고 신미년에 세우다"

5. 통상 수교 거부 정책의 의의와 한계

(1) **의의** : 서양 세력의 침략을 일시적으로 저지

(2) **한계** : 세계 정세의 변화를 인지하지 못해 조선 사회의 근대화 지연

Step 3 표를 통해 단원 복습하기

1. 흥선 대원군의 개혁 정치와 서양 세력의 접근

19세기 국내외 정세	• 통상을 요구하는 이양선 출몰 • 세도정치로 인한 정치 기강 · 삼정의 문란 → 농민 봉기 발생	
흥선 대원군의 왕권 강화 정책	정치 개혁	안동 김씨 축출, 비변사 폐지 → 의정부, 삼군부 부활
	법전 편찬	『대전회통』, 『육전조례』
	삼정의 개혁	• 전정 : 양전 사업 • 군정 : 호포제 실시 • 환곡 : 사창제 실시
	서원 정리	47개소만 남기고 철폐 → 왕권 강화, 국가 재정 확충, 민생 안정
	경복궁 중건	• 왕실의 권위 회복 목적 • 원납전과 당백전 발행, 양반들의 묘지림 벌목 → 양반과 백성들의 원성 초래
의의	통치 체제의 재정비, 국가 기강의 확립, 민생 안정에 기여	
한계	전통적 체제 내에서 전제 왕권을 강화하려는 개혁	

2. 통상 수교 거부 정책과 양요

통상 수교 거부 정책	배경	이양선 출몰, 서양 열강의 통상 요구, 천주교의 교세 확장 청 · 일본의 문호 개방
	결과	통상 요구 거부 및 서양 물품의 유입 금지
병인양요(1866)	원인	병인박해 발생(1866)
	결과	외규장각의 의궤 및 도서 359권 약탈, 외규장각 건물 소실
오페르트 도굴 미수 사건(1868)	전개	독일 상인 오페르트의 남연군 묘 도굴 실패
	결과	통상 수교 거부 정책 강화
신미양요(1871)	원인	제너럴 셔먼호 사건(1866)
	결과	전국 각지에 척화비 건립
의의	서양 세력의 침략을 일시적으로 저지	
한계	조선 사회의 근대화 지연	

Step 4 암기송을 들으며 가사 완성하기

Track 18

1 흥선 대원군의 개혁 정치

19세기 조선! ❶ ______이 출몰, 세도정치로 인한 백성들의 원성!

이때 혜성처럼 등장한 흥선 대원군은 개혁 정치를 시작했어.

안동 김씨를 축출, ❷ ______를 폐지.

의정부와 삼군부의 기능을 부활시켰지.

❸ ______과 육전조례를 편찬하면서 통치 체제를 재정비했어.

(민생 안정을 위해 삼정의 문란을 개혁했대.)

전정은 양전을 실시해 은결을 색출, 군정은 ❹ ______를 실시 환곡은 ❺ ______를 실시.

붕당의 근거지인 ❻ ______도 철폐하지.

실추됐던 왕실의 권위를 회복하기 위해 ❼ ______을 중건하지.

하지만 원납전과 ❽ ______을 발행하면서 백성들의 불만을 샀지.

조선 후기 흥선 대원군은 세도정치를 (타파하고 왕권을 강화)시키려 했어.

서양 세력의 침투를 막기 위해 (통상 수교 거부 정책)을 펼치지. x2

2 통상 수교 거부 정책과 양요

서양 세력 조선에 통상을 요구, 흥선 대원군은 통상 수교 거부 정책을 펼쳐.

프랑스는 ❶__________를 구실로 강화도를 침략 ❷__________ 발생.

문수산성에서 한성근 부대, 정족산성에서 ❸______ 부대 이겨냈지.

하지만 프랑스군이 철수하면서 ❹__________이 불타 없어졌어.

덕산에서 남연군묘를 도굴하려는 ❺____________________ 발생.

미국은 ❻________________을 구실 강화도를 침략해 신미양요 발생.

어재연의 ❼_____________ 미군을 막아냈고,

서양 열강에 대한 적개심이 고조되자 대원군은 전국 각지에 ❽______를 건립.

조선 후기 흥선 대원군은 세도정치를 (타파하고 왕권을 강화)시키려 했어.

서양 세력의 침투를 막기 위해 (통상 수교 거부 정책)을 펼치지. x2

암/기/송/문/제/정/답

1. ① 이양선 ② 비변사 ③ 대전회통 ④ 호포제 ⑤ 사창제 ⑥ 서원 ⑦ 경복궁 ⑧ 당백전

2. ① 병인박해 ② 병인양요 ③ 양헌수 ④ 외규장각 ⑤ 오페르트 도굴 미수 사건
⑥ 제너럴 셔먼호 사건 ⑦ 광성보 전투 ⑧ 척화비

Step 5 핵심 문제를 통해 단원 마무리 짓기

실 / 전 / 문 / 제

1. OX 퀴즈

1 19세기 조선에 통상을 요구하는 이양선들이 출몰하였다. ( )
2 19세기 조선은 세도 정치로 인한 정치 기강의 문란과 삼정의 문란으로 농민 수탈이 심화되었다. ( )
3 흥선 대원군은 적극적으로 문호를 개방하면서 근대화에 앞장섰다. ( )
4 흥선 대원군의 호포제 실시는 양반들의 불만을 고조시켰다. ( )
5 흥선 대원군의 경복궁 중건은 백성들의 원성을 샀다. ( )
6 흥선 대원군은 서원 철폐는 양반층의 지지를 받았다. ( )
7 흥선 대원군은 경복궁 중건을 위해 원납전과 당백전을 발행하였다. ( )
8 제너럴 셔먼호 사건이 원인이 되어 병인양요가 일어났다. ( )
9 병인양요의 결과 조선은 프랑스와 수교하였다. ( )
10 신미양요 당시 강화도에 침입한 미군에 맞서 어재연이 광성보에서 항전하였다. ( )

2. 빈칸 채우기

1 병인박해가 원인이 되어 1866년 프랑스 군이 강화도를 침공한 사건은 ( )이다.
2 흥선 대원군은 왕실의 권위와 위엄을 회복하기 위해 ( )을 중건하였다.
3 흥선 대원군은 붕당의 근거지였던 ( )을 47개만 남기고 철폐하였다.
4 19세기 조선에 통상을 요구하는 서양의 ( )이 출몰하였다.
5 흥선 대원군은 ( )를 폐지하고 의정부와 삼군부를 부활시켰다.
6 제너럴 셔먼호 사건으로 1871년 미군이 강화도를 침공한 사건은 ( )이다.
7 신미양요의 결과 대원군은 전국 각지에 ( )를 건립하였다.
8 흥선 대원군은 환곡의 문란을 개혁하기 위해 ( )를 실시하였다.
9 독일 상인 ( )는 통상 요구를 거절당하자 남연군 묘를 도굴하려고 했다.
10 병인양요 당시 한성근 부대는 문수 산성에서, ( ) 부대는 정족 산성에서 프랑스군을 격퇴하였다.

3. 초성 퀴즈

1 흥선 대원군이 경복궁 중건을 위해 발행한 상평통보의 100배 가치가 있는 고액 화폐는? ········ ㄷㅂㅈ (　　　)

2 흥선 대원군이 양반들에게 군포를 징수하기 위해 실시한 것은? ········ ㅎㅍㅈ (　　　)

3 병인양요 당시 프랑스군은 철수하면서 의궤 및 도서 359권을 약탈한 곳은? ········ ㅇㄱㅈㄱ (　　　)

4 신미양요의 원인이 된 사건은? ········ ㅈㄴㄹ ㅅㅁㅎ ㅅㄱ (　　　)

5 독일 상인 오페르트가 남연군 묘를 도굴하려다 실패한 사건은? ········ ㅇㅍㄹㅌ ㄷㄱ ㅁㅅ ㅅㄱ (　　　)

6 신미양요 당시 미국 함대가 침략한 섬의 이름은? ········ ㄱㅎㄷ (　　　)

7 병인박해는 어떤 종교를 탄압한 사건이었는가? ········ ㅊㅈㄱ (　　　)

8 흥선 대원군의 양전 사업은 삼정 중 어떤 것의 문란을 개혁하기 위한 것인가? ········ ㅈㅈ (　　　)

9 19세기 세도 정치와 삼정의 문란으로 인해 농민 수탈이 심화되었고 이로 인해 발생한 것은? ········ ㄴㅁㅂㄱ (　　　)

10 흥선 대원군은 어떤 세력을 축출하고 능력에 따른 인재를 등용하였는가? ········ ㅇㄷ ㄱㅆ ㅅㄹ (　　　)

실전 문제 정답

1 OX 퀴즈

1. O 2. O 3. X 4. O 5. O 6. X 7. O 8. X 9. X 10. O

2 빈칸 채우기

1. 병인양요 2. 경복궁 3. 서원 4. 이양선 5. 비변사 6. 신미양요
7. 척화비 8. 사창제 9. 오페르트 10. 양헌수

3 초성 퀴즈

1. 당백전 2. 호포제 3. 외규장각 4. 제너럴 셔먼호 사건 5. 오페르트 도굴 미수 사건
6. 강화도 7. 천주교 8. 전정 9. 농민 봉기 10. 안동 김씨 세력

4-2 문호 개방과 개화 정책의 추진과 반발

Step 1 암기송을 통해 흐름 파악하기

Track 19

1 조선의 개항과 불평등 조약의 체결

민씨 세력이 집권하게 된 19세기 조선, 운요호 사건을 계기로 1876년.

고종이 친정을 선언하고 흥선 대원군이 물러남에 따라 민씨 일파가 정권을 장악하게 되었다.

일본과 최초의 근대적 조약인 강화도 조약을 체결하게 돼.

do do do dodododo~

강화도 조약으로 조선 개항을 하게 돼.

개화 정책을 추진하면서 oh oh oh oh 개화파와 oh oh 위정척사파가 대립했어.

강화도 조약의 내용, 청의 종주권 부인, 부산, 원산, 인천을 개항하지.

청나라가 조선에 대해 내정이나 외교에 간섭하던 권력을 의미한다.

하지만 해안 측량권, 치외 법권으로 불평등한 조약이었지.

일본인이 조선 내에서 범죄를 저질러도 조선 법으로 심판할 수 없었다.

김홍집 조선책략을 들고 오며 미국과 조 · 미 수호 통상 조약 체결

수신사로 임명되어 일본에 다녀오고, 이후 갑오개혁을 주도하였다.

조선이 다른 나라에게 이권을 줄 경우,
이 이권을 동일하게 미국에게도 적용한다는 것이다.

거중 조정, 치외 법권, 최혜국 대우 이것도 불평등한 조약인걸.

제3국의 침략이 있을 경우 중간에서 적절히 조정하여 피해가 없도록 하는 것을 말한다.

do do do dodododo~

강화도 조약으로 조선 개항을 하게 돼. 개화 정책을 추진하면서

oh oh oh oh 개화파와 oh oh 위정척사파가 대립했어.

2 개화 정책의 추진과 반발

조선은 선진 문물 수용하기 위해

일본에 조사 시찰단과 수신사를, **청**에 영선사, **미국**에 보빙사를 (파견)

개화 정책의 추진기구로 통리기무아문과 별기군의 창설을.

신식 군대를 말한다.

무기 제조 공장인 기기창과 한성순보를 발행했던 박문국.

화폐를 발행하기 위한 전환국 등의 근대 시설도 설치해.

유생들은 **위정척사** 운동 전개. **1860년대** 척화주전론을 펼친 이항로,

위정척사 운동은 전통적인 성리학적 사회 질서를 지키고 서양 문물은 배척한다는 것으로 주로 보수적인 유생들이 주도하였다.

1870년대 왜양일체론의 최익현, **1880년대** 영남만인소 이만손

구식 군인에 대한 차별 대우. **임오군란** 발생. 흥선 대원군이 재집권.

새로 창설된 별기군이 후한 대우와 높은 급료를 받는 것과 대조적으로 낮은 수준에 머물러 있던 구식 군인들이 반발하였다.

민씨 세력은 청군에게 도움을. 흥선 대원군이 압송됐지.

do do do dodododo~

강화도 조약으로 조선 개항을 하게 돼. 개화 정책을 추진하면서

oh oh oh oh 개화파와 oh oh 위정척사파가 대립했어.

임오군란의 결과 일본과 제물포 조약이 체결

일본에게 배상금을 지불하고
일본 경비병이 조선에 주둔하게 되었다.

청의 내정 간섭이 강화되며 조 · 청 상민 수륙 무역 장정이 체결.

김옥균의 **급진 개화파**는 1884년 우정총국에서 갑신정변 일으켜.

급진 개화파는 입헌 군주제를 지향하는 개혁을 추진하였다.

혁신 정강 14개조 발표했지만 청군 개입으로 3일 천하로 끝나.

청군의 개입으로 청의 영향력을 더욱 강화시키는 결과를 가져왔다.

do do do dodododo~

갑신정변의 결과로 한성 조약과 톈진 조약이 체결되지.

조선에 대한 일본의 침략 기반을 마련한 조약이다.

러시아가 남하하려 하자 **영국**은 거문도를 불법으로 점령해.

1885년부터 약 2년간 불법으로 점령했다.

열강들의 대립이 심해지자 **부들러**와 **유길준**은 조선 중립화론을 제시하지.

Step 2 개념 잡고 한국사 달인 되기

1 조선의 개항과 불평등 조약의 체결

1. 개항적 배경

(1) 대내적

① 통상 개화론의 대두 : 박규수, 오경석, 유홍기 등 → 열강의 군사적 침략을 피하기 위해서는 개항이 불가피함을 주장

② 정권의 변화 : 흥선 대원군 하야 → 민씨 세력 집권

(2) 대외적 : 일본의 대외 팽창 정책, 운요호 사건[1](1875)

2. 강화도 조약 체결(1876)

(1) 조 · 일 수호 조규(1976.2) : 최초의 근대적 조약, 불평등 조약

주요 내용		일본의 의도
1관	조선은 자주국이며 일본과 평등한 권리를 가진다.	조선에 대한 청의 간섭을 차단하고 일본의 침략을 용이하게 하기 위함이다.
4관	부산 이외 2개의 항구(뒤에 인천과 원산으로 결정)를 개항하고 일본인이 자유롭게 왕래하면서 통상할 수 있게 한다.	경제적인 목적을 넘어 군사적(원산), 정치적(인천) 침략 거점을 확보하기 위함이다.
7관	조선국 연해를 일본국의 항해자가 자유롭게 측량하도록 허가한다.	영토 주권을 침해하고, 경제 · 군사적으로 침략하려는 의도이다.
9관	양국 국민의 무역을 임의에 맡겨 조금도 제한 금지하지 못한다.	일본 상인의 자유로운 상행위를 보장하기 위함이다.
10관	일본인이 개항장에서 죄를 범한 것이 조선국 국민에게 관계되는 사건일 때는 모두 일본 관원이 이를 심판한다.	일본 상인까지 치외 법권을 인정하여 약탈적 무역 활동을 보장하기 위함이다.

(2) 조 · 일 수호 조규 부록과 통상 장정(1976.7)

■ 수호 조규 부록 : 모두 13관으로 되어 있다.

1. 조선 내에서 일본 외교관의 여행 자유
2. 일본 상인의 활동 범위는 거류지로부터 사방 10리 – 조차지[2] 설정(영토 주권 침해)
3. 개항장에서 일본 화폐 사용 – 일본 화폐의 조선 내 유통을 의미하는 것이다.

1 운요호 사건 : 1875년 일본은 운요호를 강화도 초지진에 접근시켜 조선 측의 발포를 유도하였고, 이 과정에서 조선 수비대가 일본 국기를 모독했다는 이유를 들어 조선에 개항을 강요하였다.

2 조차지 : 조약 등에 기초하여 어떤 나라가 다른 나라에게서 일시적으로 빌린 영토의 일부를 말한다.

■ 통상 장정(무역 규칙) : 모두 11칙으로 되어 있다.

1. 일본인은 개항장에서 쌀과 잡곡을 수출할 수 있다.
2. 일본국 정부에 소속된 선박들의 무항세 무역 규칙
3. 화물 출입에도 특별히 수년간 면세를 허용한다.

3. 각 국과의 조약 체결

(1) 조 · 미 수호 통상 조약 체결(1882)

① 배경 : "조선책략[3]"의 연미론, 청의 알선(러시아의 남하와 일본의 영향력 확대 견제 목적)

② 내용 : 거중 조정[4], 치외 법권, 최혜국대우, 협정 관세 등

③ 성격 : 거중 조정, 관세 부과 등 조선에 유리한 부분이 있지만 미래의 이익까지 확보하겠다는 최혜국 대우 조항이 들어 있어 불평등 조약의 성격을 가진다.

④ 결과 : 미국 공사가 서울에 오자 보빙사[5]를 미국에 파견하였다.

■ "조선책략"(1882)

조선의 땅은 실로 아세아의 요충에 자리 잡고 있어, 형세가 반드시 싸우는 바가 되니 조선이 위태로우면 즉 중동의 형세가 날로 급해질 것이다. 러시아가 땅을 공략하고자 하면 반드시 조선으로부터가 시작일 것이다.…러시아를 막을 수 있는 조선의 책략은 무엇인가? 오직 중국과 친하고(親中) 일본과 맺고(結日) 미국과 연합(聯美)함으로써 자강을 도모하는 길뿐이다.

(2) 조 · 청 상민 수륙 무역 장정(1882)

① 배경 : 임오군란

② 내용 : 조선에 대한 청의 종주권 강화, 청 상인의 내륙 진출 허용, 청국 상인들의 상행위 특혜 규정 등

③ 결과 : 형식적인 사대 관계가 근대적인 종속 관계로 변질, 청 · 일 상인의 상권 경쟁 본격화

■ 조 · 청 상민 수륙 무역 장정(전문 8조)

1조 청의 상무위원을 서울에 파견하고 조선 대관을 텐진에 파견한다. 청의 북양 대신과 조선 국왕은 대등한 지위를 가진다.

2조 조선의 개항장에서 청의 상무위원이 청 상인에 대한 재판권을 행사한다.

4조 베이징과 한성, 양화진에서 상점을 열어 무역을 허락하되, 양국 상민의 내지 행상을 금한다. 다만 내지 행상이 필요할 경우 지방관의 허가서를 받아야 한다.

3 조선책략 : 청의 외교관 황준헌(黃遵憲, 황쭌셴)의 저서로 2차 수신사였던 김홍집이 일본에서 가지고 들어와 고종에게 바쳤다.

4 거중 조정 : 양국의 평화를 위한 일종의 상호 방위 조항이다. 조선과 미국 중 한 나라가 제3국의 핍박을 받을 경우 반드시 서로 돕고 분쟁을 원만히 해결하도록 주선한다는 내용이다.

5 보빙사 : 미국의 근대적 제도와 문물을 살피기 위한 목적과 내정을 간섭하는 청을 견제하려는 자주 외교의 성격을 가지는 사절단이었다. 민영익, 홍영식, 서광범, 유길준 등이 파견되었다.

(3) 기타 서양 열강과의 조약 체결

① 영국(1883), 독일(1883), 러시아(1884), 프랑스(1886) 등

② 성격 : 치외 법권, 최혜국 대우, 관세 특혜 등의 불평등 조약

2 개화 정책의 추진

1. 개화 정책 추진

(1) **통리기무아문 설치**(1880) : 근대적 행정 기구, 개화 정책 추진의 핵심 기구로서 12사 설치

(2) **군사 제도 개편** : 5군영을 2영(무위영, 장어영)으로 개편, 신식 군대인 별기군 설치

(3) **근대 시설 설치** : 기기창(무기 제조 공장), 박문국(한성순보 발행), 전환국(화폐 발행)

2. 외교 사절단 각국에 시찰단 파견

(1) **수신사 파견** : 김기수(1차, 1876) · 김홍집(2차, 1880), 일본에 파견된 공식 외교 사절로 일본의 근대화 실상을 파악

(2) **조사 시찰단**(1881, 일본) : 박정양, 홍영식 등 일본의 개화 실태 시찰을 위해 비밀리에 파견, '문견 사건' 제출

(3) **영선사**(1881, 청) : 김윤식 등 근대 무기 제조 기술 학습을 위해 파견, 기기창 설치

(4) **보빙사**(1883, 미국) : 민영익, 유길준 등 최초로 서양에 파견된 사절

3 개화 정책 추진에 대한 반발

1. 위정척사 운동

(1) **특징** : 보수적 유생층 주도, 성리학적 질서인 정(正)을 지키고 서학 등 다른 종교 및 서양의 문화인 사(邪)를 배척하자는 운동

(2) 위정척사 운동의 전개

시기	배경	대표 인물	내용
1860년대	서양의 통상 요구, 병인양요, 제너럴 셔먼호 사건	이항로, 기정진	통상 반대 운동, 척화주전론[6]
1870년대	강화도 조약	최익현, 유인석	개항 반대 운동, 왜양일체론[7]
1880년대	조선책략 유포, 개화 정책 추진	이만손, 홍재학	개화 반대 운동, 영남 만인소
1890년대	을미사변, 단발령	유인석, 이소응	항일 의병 운동으로 계승

(3) 위정척사 운동의 의의와 한계

① 의의 : 반침략 · 반외세 운동, 의병 운동의 사상적 근거 제공

② 한계 : 성리학적 체제 수호로 근대화 지연

■ 이항로의 척화주전론

오늘날 국론은 싸우자는 주전론과 화의를 주장하는 주화론 두 의견으로 나뉘어 있는데, 서양 오랑캐를 공격해야 한다는 것은 우리나라의 주장이며, 서양 오랑캐와 강화해야 한다는 것은 적의 주장이다. 주전하면 우리나라의 예속과 제도를 보전할 수 있으나, 주화하면 인류는 금수의 지경에 빠진다.

– 이항로, 「화서집」 –

■ 영남 만인소

수신사 김홍집이 가져온 황준헌(황쭌셴)의 "조선책략"을 보노라면 어느새 울음이 복받치고 눈물이 흐릅니다. … 일본은 우리에게 매어 있는 나라입니다. 임진왜란의 숙원이 가시지 않았는데 그들은 우리의 수륙 요충을 점령하였습니다. 그들이 우리의 허술함을 알고 함부로 쳐들어오면 장차 이를 어떻게 막겠습니까? 미국은 우리가 본래 모르던 나라입니다. 잘 알지 못하는데 공연히 타인의 권유로 불러들였다가 그들이 재물을 요구하고 우리의 약점을 알아차려 어려운 청을 하거나 과도한 경우를 떠맡긴다면 장차 이에 어떻게 응할 것입니까? 러시아는 본래 우리와 혐의가 없는 나라입니다. 공연히 남의 말만 듣고 틈이 생기게 된다면 우리의 위신이 손상될 뿐만 아니라 만약 이를 구실로 침략해 온다면 장차 이를 어떻게 막을 것입니까?

– 「일성록」, 고종 18년 –

2. 임오군란

(1) **배경** : 일본의 경제적 침투와 개화 정책 추진에 대한 반발, 구식 군인에 대한 차별 대우

(2) **전개** : 구식 군인 봉기 → 민씨 고관 집 습격, 일본 공사관 습격 → 하층민 가세,

6 척화주전론(斥和主戰論) : 서양과의 화친을 배척하면서 맞서 싸워야 한다는 주장이다.

7 왜양일체론(倭洋一體論) : 일본인도 서양인과 마찬가지로 오랑캐라는 주장이다.

궁궐 침입 → 흥선 대원군의 재집권(개화 정책 중단) → 민씨 일파가 청에 군대 파견을 요청 → 청의 군대가 흥선 대원군을 납치 → 민씨 일파 재집권

(3) **결과**

① 일본과 제물포 조약 체결 : 일본 공사관 경비병의 주둔 허용, 배상금 지불

② 청의 내정 간섭(마젠창과 묄렌도르프 파견[8])과 경제 침략 본격화(조 · 청 상민 수륙 무역 장정 체결)

■ 제물포 조약

1조 지금으로부터 20일을 기하여 조선국은 흉도를 포획하고 그 괴수를 엄중히 취조하여 중죄에 처한다. 만일 그 기일 내에 포획하지 못하였을 때에는 응당 일본국이 이를 처리한다.

3조 조선국은 5만원을 지불하여 해를 당한 일본 관리들의 유족 및 부상자에게 지급한다.

5조 일본 공사관에 군대를 주둔시켜 경비에 임하는 것을 허용한다.

4 갑신정변과 열강의 침탈

1. 개화 사상의 형성

(1) **배경**

① 국내 : 북학파 실학 사상의 영향(박규수, 오경석, 유홍기)

② 국외 : 청의 양무 운동, 일본의 메이지유신

(2) **개화파의 형성**

① 초기 개화 사상가들의 영향을 받은 양반 자제, 정부 개화 정책에 참여

② 개화파의 분화

구분	온건 개화파	급진 개화파
주도 인물	김홍집, 김윤식, 어윤중	김옥균, 박영효, 홍영식, 서광범
개혁 모델	청의 양무 운동	일본의 메이지유신
개혁 방향	동도서기론 : 전통적 유교 윤리와 정치 제도는 유지하고 서양의 과학기술만 받아들인다는 주장	문명개화론 : 과학기술뿐만 아니라 법과 제도까지 서양의 것을 수용하자는 주장
외교 관계	청과의 전통적 우호 관계 유지	청에 대한 종속적 관계 청산

8 마젠창과 묄렌도르프 파견 : 마젠창과 묄렌 도르프는 정치 · 외교 고문으로 파견되어 조선의 내정과 외교에 간섭하게 된다.

2. 갑신정변(1884)

(1) **배경** : 청의 내정 간섭, 민씨 정권의 친청 정책 추진, 개화 정책의 지연으로 급진 개화파의 불만 고조

(2) **전개** : 김옥균, 박영효 등이 우정총국 개국 축하연을 계기로 정변을 일으킴 → 민씨 일파 제거 → 개화당 정부 구성, 혁신 정강 14개조 발표 → 청군의 개입, 일본군 철수로 3일 만에 실패 → 급진 개화파의 해외 망명

(3) **결과**

① 청의 내정 간섭 심화

② 한성 조약 체결(조선-일본) : 일본에 배상금 지불, 일본 공사관 신축 비용 부담

③ 톈진 조약 체결(청-일본) : 조선에서 청 · 일 군대의 동시 철수, 조선 파병시 사전 통보 → 청 · 일 전쟁의 배경이 됨

(4) **의의와 한계**

① 의의 : 근대 국가 건설을 목표로 한 최초의 정치 개혁 운동, 갑오 개혁을 비롯한 여러 개혁 운동으로 계승

② 한계 : 일본에 의존, 토지 제도 개혁 외면(민중의 지지를 받지 못함)

■ 혁신 정강 14개조의 주요 내용

1. 청에 잡혀간 대원군을 조속히 귀국시키고 청국에 대한 조공 허례를 폐지한다.
2. 문벌 폐지, 인민 평등, 능력에 따라 인재를 등용한다.
3. 지조법을 개혁하여 관리의 부정을 막고 백성을 보호하며, 국가 재정을 확립한다.
4. 내시부를 없애고 그중에서 우수한 인재를 등용한다.
5. 탐관오리 중에서 그 죄가 심한 자는 처벌한다.
6. 각 도의 환상미를 영구히 받지 않는다.
7. 규장각을 폐지한다.
8. 급히 순사를 두어 도둑을 방지한다.
9. 혜상공국을 혁파한다.
10. 귀양살이하거나 옥에 갇혀 있는 자는 적당히 형을 감한다.
11. 4영을 1영으로 합하되, 장정을 뽑아 근위대를 설치한다.
12. 모든 재정은 호조에서 관할한다.
13. 대신과 참찬은 의정부에 모여 정령을 의결하고 반포한다.
14. 의정부와 6조 외에 필요 없는 관청을 없앤다.

3. 갑신정변 이후 열강의 침탈

(1) 열강의 대립

① 청 : 내정 간섭 강화, 조 · 청 상민 수륙 무역 장정(1882)

② 일본 : 조 · 일 통상 장정 체결(1883) - 일본 상품 관세 부과, 방곡령 조항, 최혜국 대우

③ 러시아 : 조 · 러 수호 통상 조약(1884), 조 · 러 비밀 협약 추진(청의 방해로 실패)

④ 영국 : 거문도 사건(1885~1887) - 러시아의 남하를 견제할 목적으로 영국이 거문도를 불법 점령, 청의 중재로 철수

(2) 조선 중립화론 대두

① 부들러 : 조선 주재 독일 영사 부들러는 청 · 일의 충돌을 예방하기 위해 한반도의 영세 중립화를 건의

② 유길준 : 조선의 안전을 보장하기 위해 중립화론을 주장

■ 조선 중립화론

이제 우리나라는 지역으로 말하면 아시아의 목에 처해 있는 것이 유럽의 벨기에와 같고, 중국에 조공하던 나라로서 터키에 조공하던 불가리아와 같다. …우리나라가 아시아의 중립국이 된다면 러시아를 막는 큰 기틀이 될 것이고, 또한 아시아의 여러 대국들이 서로 보전하는 전략도 될 것이다.

- 「유길준 전서」 -

(3) **정부의 노력** : 주일 공사관 · 주미 공사관 설치, 광무국 · 전보국[9] 설치

9 광무국 · 전보국 : 광무국은 광산 업무를, 전보국은 전신 업무를 담당하는 기관이다.

Step 3 표를 통해 단원 복습하기

1. 조선의 개항과 불평등 조약의 체결

조약	배경	내용
강화도 조약(1876)	운요호 사건	최초의 근대적 조약, 불평등 조약, 항구 개항(부산, 원산, 인천), 치외 법권, 해안 측량권
조 · 미 수호 통상 조약(1882)	조선책략 유입	거중 조정, 치외 법권, 최혜국 대우, 협정 관세
조 · 청 상민 수륙 무역 장정 (1882)	임오군란	청 상인의 내륙 진출 허용

2. 개화 정책의 추진과 반발

개화 정책의 추진	개화 정책	통리기무아문 설치, 별기군 창설	
	외교 사절단 파견	수신사(일), 조사 시찰단(일), 영선사(청), 보빙사(미)	
개화 정책 반발	위정척사 운동	1860년대	통상 반대, 척화주전론
		1870년대	개항 반대, 왜양일체론
		1880년대	개화 반대, 영남만인소
		1890년대	항일 의병 운동으로 계승
	임오군란	구식 군인에 대한 차별 대우로 봉기, 실패 → 제물포 조약(조선-일), 조 · 청 상민 수륙 무역 장정	

3. 갑신정변

개화파의 형성	북학파 영향 → 초기 개화파 → 온건 개화파(김홍집) → 급진 개화파(김옥균)
갑신정변	급진 개화파의 주도, 우정총국 개국 축하연에서 정변 → 혁신 정강 14개조 발표 → 실패 → 한성 조약(조선-일본), 톈진 조약(청-일)
조선 중립화론	부들러와 유길준이 제시

Step 4 암기송을 들으며 가사 완성하기

Track 19

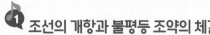

1 조선의 개항과 불평등 조약의 체결

민씨 세력이 집권하게 된 19세기 조선, ❶__________을 계기로 1876년.

일본과 최초의 근대적 조약인 ❷__________을 체결하게 돼.

do do do dodododo~

강화도 조약으로 조선 개항을 하게 돼.

개화 정책을 추진하면서 oh oh oh oh 개화파와 oh oh 위정척사파가 대립했어.

강화도 조약의 내용, 청의 종주권 부인, ❸______, 원산, ❹______을 개항하지.

하지만 ❺__________, 치외 법권으로 불평등한 조약이었지.

김홍집 ❻________을 들고 오며 미국과 ❼__________ 체결

거중 조정, 치외 법권, ❽__________ 이것도 불평등한 조약인걸.

do do do dodododo~

강화도 조약으로 조선 개항을 하게 돼. 개화 정책을 추진하면서

oh oh oh oh 개화파와 oh oh 위정척사파가 대립했어.

❷ 개화 정책의 추진과 반발

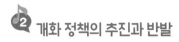

조선은 선진 문물 수용하기 위해

일본에 ❶__________과 수신사를 ,

청에 ❷_____, 미국에 ❸_____를 (파견)

개화 정책의 추진 기구로 ❹__________과 ❺_____의 창설을.

무기 제조 공장인 ❻_____과 한성순보를 발행했던 ❼_____,

화폐를 발행하기 위한 전환국 등의 근대 시설도 설치해.

유생들은 위정척사 운동 전개. 1860년대 ❽__________을 펼친 이항로,

1870년대 왜양일체론의 ❾_____, 1880년대 ❿__________ 이만손

구식 군인에 대한 차별 대우. ⓫________ 발생. 흥선 대원군이 재집권.

민씨 세력은 ⓬_____에게 도움을. 흥선 대원군이 압송됐지.

do do do dododododo~

강화도 조약으로 조선 개항을 하게 돼. 개화 정책을 추진하면서

oh oh oh oh 개화파와 oh oh 위정척사파가 대립했어.

임오군란의 결과 일본과 ⑬__________이 체결

청의 내정 간섭이 강화되며 ⑭______________이 체결.

김옥균의 ⑮__________는 1884년 우정총국에서 ⑯________ 일으켜.

⑰____________ 발표했지만 청군 개입으로 3일 천하로 끝나.

do do do dodododo~

갑신정변의 결과로 한성 조약과 ⑱________이 체결되지.

러시아가 남하하려 하자 영국은 ⑲_____를 불법으로 점령해.

열강들의 대립이 심해지자 부들러와 유길준은 ⑳__________을 제시하지.

암/기/송/문/제/정/답

1. ① 운요호 사건 ② 강화도 조약 ③ 부산 ④ 인천 ⑤ 해안 측량권 ⑥ 조선책략 ⑦ 조 · 미 수호 통상 조약 ⑧ 최혜국 대우
2. ① 조사 시찰단 ② 영선사 ③ 보빙사 ④ 통리기무아문 ⑤ 별기군 ⑥ 기기창 ⑦ 박문국 ⑧ 척화주전론 ⑨ 최익현 ⑩ 영남 만인소 ⑪ 임오군란 ⑫ 청군 ⑬ 제물포 조약 ⑭ 조 · 청 상민 수륙 무역 장정 ⑮ 급진 개화파 ⑯ 갑신정변 ⑰ 혁신 정강 14개조 ⑱ 톈진 조약 ⑲ 거문도 ⑳ 조선 중립화론

Step 5 핵심 문제를 통해 단원 마무리 짓기

실 / 전 / 문 / 제

1. OX 퀴즈

1 강화도 조약은 운요호 사건을 계기로 체결되었다. ( )

2 조 · 청 상민 수륙 무역 장정에서는 조선이 자주국임을 표방하고 있다. ( )

3 조선 정부는 개화 정책을 실시하면서 5군영을 부활시켰다. ( )

4 조선 정부는 청에 영선사를 파견하여 근대 무기 제조 기술을 배워왔다. ( )

5 1860년대 이항로는 통상 반대 운동을 전개하였다. ( )

6 1890년대 위정 척사 운동의 배경은 을미사변과 단발령이다. ( )

7 임오군란으로 청의 내정 간섭이 줄었다. ( )

8 급진 개화파는 일본의 메이지유신을 모델로 하였다. ( )

9 갑신정변은 일본군의 개입으로 3일 만에 성공하였다. ( )

10 갑신정변은 근대 국가 건설을 목표로 한 정치 개혁 운동이었다. ( )

2. 빈칸 채우기

1 일본은 강화도 조약에서 정치적 목적을 위해 ( )을 개항하였다.

2 조 · 미 수호 통상 조약에는 미래의 이익까지 확보한다는 ( ) 조항이 들어있어 불평등 조약의 성격을 가진다.

3 조선 정부는 개화 정책을 실시하면서 신식 군대인 ( )을 창설하였다.

4 영선사는 귀국 후 ( )을 설치하였다.

5 1870년대 최익현 등은 ( ) 반대 운동을 전개하였다.

6 구식군인에 대한 차별 대우로 1882년 ( )이 일어났다.

7 임오군란으로 조선에 ( )과 묄렌도르프가 고문으로 파견되었다.

8 갑신정변은 ( ) 개화파의 주도로 우정총국 개국 축하연에서 정변이 일어난 것이다.

9 갑신정변의 결과 청과 일본은 ( )을 체결하였다.

10 갑신정변은 ( ) 개혁을 외면하여 민중의 지지를 받지 못하였다.

3. 초성 퀴즈

1 청의 외교관 황준헌(황쭌셴)의 저서로 조 · 미 수호 통상 조약의 배경이 된 것은? ㅈㅅㅊㄹ (　　　　)

2 조선이 개화 정책 추진을 위해 근대적 행정기구로 설치한 기구는? ········· ㅌㄹㄱㅁㅇㅁ (　　　　)

3 조선 정부가 일본에 공식적으로 파견한 외교 사절단은? ········· ㅅㅅㅅ (　　　　)

4 최초로 서양(미국)에 파견된 사절은? ········· ㅂㅂㅅ (　　　　)

5 1880년대 이만손 등이 조선책략의 유포를 반대하며 낸 상소는? ········· ㅇㄴㅁㅇㅅ (　　　　)

6 임오군란의 결과 조선이 일본과 체결한 조약은? ········· ㅈㅁㅍㅈㅇ (　　　　)

7 청의 양무 운동을 모델로 동도서기론적 개혁을 주장한 개화파는? ········· ㅇㄱㄱㅎㅍ (　　　　)

8 갑신정변의 결과 조선과 일본 사이에 맺은 조약은? ········· ㅎㅅㅈㅇ (　　　　)

9 영국이 러시아의 남하를 견제할 목적으로 우리나라에서 일으킨 사건은? ········· ㄱㅁㄷㅅㄱ (　　　　)

10 부들러와 유길준이 조선이 열강의 침탈을 받는 것에 대해 주장한 내용은?
········· ㅈㅅ ㅈㄹㅎㄹ (　　　　)

실전 문제 정답

1 OX 퀴즈
1. O　2. X　3. X　4. O　5. O　6. O　7. X　8. O　9. X　10. O

2 빈칸 채우기
1. 인천　2. 최혜국 대우　3. 별기군　4. 기기창　5. 개항　6. 임오군란　7. 마젠창
8. 급진　9. 톈진 조약　10. 토지

3 초성 퀴즈
1. 조선책략　2. 통리기무아문　3. 수신사　4. 보빙사　5. 영남 만인소　6. 제물포 조약
7. 온건 개화파　8. 한성 조약　9. 거문도 사건　10. 조선 중립화론

4-3 근대 국가 수립을 위한 노력

Step 1 암기송을 통해 흐름 파악하기

Track 20

1 동학 농민 운동의 전개

농촌 사회의 동요~ **동학의 확산** 정부는 최제우를 혹세무민의 죄로 처형

동학 교도들은 삼례 집회와 보은 집회를 열어 교조 신원 운동을 전개하지.

동학 중심의 농민 운동이 농민 중심의 정치 운동으로 전환되는 계기가 되었다.

고부 군수 조병갑의 횡포로 전봉준은 사발통문 돌려.

사발통문에는 참가자의 이름을 둥글게 적었는데, 이는 누가 주모자인지 모르게 하기 위한 것이기도 하고, 함께 책임진다는 단결의 의미도 있다.

고부 농민 봉기 발생. 1차 농민봉기는 이용태의 탄압으로 시작돼.

백산에서 집결. 제폭구민, 보국안민 주장하며

황토현 전투, 황룡촌 전투에서 관군을 격파했지. 마침내 전주성을 점령.

당황한 정부는 청에 원군을 요청. 전주 화약이 체결됐어.

정부와 농민군은 청나라와 일본의 개입 위협으로 전주에서 회담을 갖고 폐정개혁 12개 조항에 합의하였다.

농민군은 집강소를 설치. 청 · 일 군대의 철병 요구.

농민들의 자치기구이다.

일본군이 경복궁을 점령. 조선에 내정 간섭을 하자 농민군은 2차 봉기 일으켰지만,

공주 우금치 전투에서 결국 패배하고 말아

동학 농민 운동의 잔여 세력은 활빈당이나 영학당을 조직하고 이후 의병 운동에 가담하였다.

농민 운동의 의의! 반봉건 · 반외세!

2 갑오 개혁과 을미 개혁

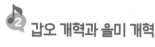

일본은 군국기무처를 설치해 개혁을 추진하지.

군국기무처는 초정부적인 회의기구로 왕의 간섭을 받지 않고 개혁을 추진하였다.

이것이 **1차 갑오 개혁**. 개국 기원을 사용. 과거 제도를 폐지하지.

기본적인 화폐를 은으로 한다는 것이다.

탁지아문으로 재정을 일원화, 은본위 화폐 제도 채택, 도량형 통일 해놔

갑오개혁으로 의정부 아래 설치된 8아문의 하나이다. 국가 재정을 총괄하는 역할을 하였다.

신분제 폐지하고 봉건적 폐습을 타파.

청일 전쟁 일본이 승기 잡자 **2차 갑오 개혁** 추진하지.

청일 전쟁 승리 이후 군국 기무처를 폐지하고
일본이 간섭을 추진하며 실시되었다.

(뭐 사실상 삼국 간섭으로 일본이 약화돼 박영효 주도로 진행됐어)

청일 전쟁 승리 후 요동 반도를 차지한 일본에 대해 러시아가
독일과 프랑스를 끌어들여 일본을 압박한 사건이다.
결국 일본은 요동 반도를 청에 돌려주었다.

홍범 14조 반포. 교육 입국 조서를 반포.

일본은 명성왕후를 시해 을미사변을 일으키네. **을미 개혁**을 실시해.

건양이란 연호 사용, 태양력 사용, 단발령을 실시했어용. **x2**

을미 사변과 더불어 을미 의병의 계기가 되었다.

3 독립 협회

아관파천 이후 열강의 이권 침탈이 심화 되자

서재필은 독립신문을 창간하고 독립 협회를 창립했지.

자주 국권 운동! 러시아의 절영도 조차 요구를 저지.

자유 민권 운동! 국민 참정 uh 운동을 전개.

독립 협회는 오늘날 민주주의의 기초를 이루는 국민의 기본권을 확립해야 한다고 주장하였다.

자강 개혁 운동! 관민 공동회를 개최해 헌의 6조를 결의했어.

하지만 보수 세력의 모함. 황국 협회의 탄압. 독립 협회는 해산되고 말아.

독립 협회의 세력 강화를 우려한 보수파는 황제를 폐위시키려 한다는 모함으로 고종이 독립 협회 해산을 명령하게 하였다.

4 대한제국과 광무 개혁

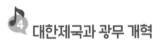

고종은 1년 만에 환궁. 황제 즉위식을 환구단에서 거행.

환구단은 황제가 하늘에 제사를 지내는 단으로 근대 이전에는 중국 황제만이 세울 수 있는 것이었다. 고종은 환구단을 세우고 대한제국이 중국과 동등함을 선언하였다.

대한제국을 선포. 대한국 국제를 제정. 황제가 모든 권한 장악해. **x2**

헌법이라고 하지 않고 국제라고 한 것은 의회의 승인을 얻은 것이 아닌 황제가 친히 제정한 것이기 때문이다.

구본신참의 원칙에 따라 **광무 개혁**을 추진해.

광무개혁은 갑오개혁의 급진성을 비판하고 점진적인 개혁을 추구했다.

원수부를 설치 근대적 토지 소유 증명서인 지계를 발급했어.

Step 2 개념 잡고 한국사 달인 되기

1 동학 농민 운동의 전개

1. 배경

(1) 지배층의 수탈과 삼정의 문란 심화로 농민 부담 증가

(2) 청 · 일 상인의 내륙 시장 침투, 면직물 수입으로 농민 경제 타격

2. 동학의 확산

(1) **동학의 교세 확장** : 최제우가 창시한 동학이 농민들에게 호응, 혹세무민[1]을 이유로 최제우가 처형된 후 2대 교주 최시형 등이 포접제[2] 정비와 경전(동경대전, 용담유사) 간행 등을 통해 교세 확장

(2) **교조 신원 운동**

① 교조 최제우의 명예 회복과 동학 포교의 자유를 요구

② 공주 · 삼례 집회(1892), 서울 복합 상소(1893)

③ 보은 집회(1893) : 탐관오리 숙청과 일본 및 서양 세력 축출을 주장하며 정치 운동으로 발전

3. 동학 농민 운동의 전개

(1) **고부 농민 봉기**(1894.1) : 고부 군수 조병갑의 횡포에 분노한 전봉준과 농민들이 봉기하여 고부 관아 점령, 사발통문, 만석보[3] 파괴

(2) **동학 농민 운동 1차 봉기**(1894.3) : 고부 농민 봉기 수습을 위해 파견된 안핵사[4] 이용태의 농민 탄압으로 무장에서 봉기 → 백산에 모여 격문 발표(농민군 4대 강령과 보국안민 · 제폭구민[5] 주장) → 황토현 · 황룡촌에서 정부군 격파 → 전주성 점령(1894.4) → 정부의 청군 파병 요청

(3) **전주 화약**(1894.5) : 정부의 파병 요청으로 청군과 일본군 양군이 조선에 출병 → 정부와 농민군 화의 → 농민군 해산 → 전라도에 집강소 설치, 폐정 개혁안 제시

(4) **동학 농민 운동 2차 봉기**(1894.9) : 일본군이 철군을 거부하고 경복궁을 무력으

---

1 혹세무민 : 세상을 어지럽히고 백성을 속인다는 의미이다.

2 포접제 : 교주 아래 여러 개의 포를, 그 아래 접을 두는 제도로 동학이 교세를 확장하기 위해 실시한 것이다.

3 만석보 : 조병갑이 농민들을 동원하여 만석보를 만들고 임금을 주지 않았을 뿐 아니라 물세를 받아 농민들의 고통이 심하였다. 이에 고부 농민들이 분개하였다.

4 안핵사 : 조선 후기 지방에서 사건이 발생하였을 때 이를 해결하기 위하여 파견한 관리이다.

5 보국안민 · 제폭구민 : 보국안민은 나라를 돕고 백성을 편안하게 한다는 것이고, 제폭구민은 포악한 정치를 제거하여 백성을 구한다는 것이다.

로 점령→ 일본의 내정 간섭 강화, 청 · 일 전쟁 발발 → 농민군의 재봉기 → 남접군(전봉준)과 북접군(손병희)이 논산에서 집결 → 서울로 북상하던 중 공주 우금치 전투에서 농민군 패배(1894.11) → 전봉준 등 지도자 체포

황토현 전적비

4. 동학 농민 운동의 영향

(1) 의의

① 반봉건 투쟁 : 노비문서 소각 등 전통 질서에 대한 개혁 요구

② 반외세 투쟁 : 일본의 침략에 대한 저항

(2) 영향 : 갑오 개혁에 영향, 항일 의병 운동 전개에 영향

■ 동학 농민 운동의 폐정 개혁안 12조

1. 동학 교도와 정부는 원한을 씻고 모든 정사에 협력한다.
2. 탐관오리는 그 죄상을 조사하여 엄중히 징벌한다.
3. 횡포한 부호들은 엄중히 징벌한다.
4. 불량한 유림과 양반들은 징벌한다.
5. 노비 문서는 불태워 버린다.
6. 7종 천인의 대우는 개선하고 백정이 쓰는 평량갓은 없앤다.
7. 젊어서 과부가 된 여성의 개가(재가)를 허용한다.
8. 무명의 잡세는 일체 거두지 않는다.
9. 관리 채용에는 지벌을 타파하고 인재를 등용한다.
10. 왜와 내통하는 자는 엄중히 징벌한다.
11. 공사채를 물론하고 기왕의 것은 모두 무효로 한다.
12. 토지는 균등히 나누어 경작케 한다.

– 오지영, 「동학사」 –

2 갑오 개혁과 을미 개혁

1. 제1차 갑오 개혁(1894)

(1) **배경** : 일본군의 경복궁 점령 후 흥선 대원군을 내세워 김홍집 내각 수립, 군국기무처 설치

(2) **내용**

① 정치 : '개국' 연호 사용, 왕실과 정부의 사무 분리(궁내부 설치, 의정부 권한 강화), 6조를 8아문으로 개편, 과거제 폐지, 경무청 설치

② 경제 : 탁지아문으로 재정 일원화, 은본위 화폐 제도, 조세의 금납화, 도량형 통일

③ 사회 : 신분제 철폐, 조혼 금지, 과부의 재가 허용, 고문과 연좌제 폐지

2. 제2차 갑오 개혁(1894~1895)

(1) **배경** : 청 · 일 전쟁에서 승세를 잡은 일본이 내정 간섭 강화 → 흥선 대원군 퇴진, 군국기무처 폐지 → 제2차 김홍집 · 박영효 연립 내각 수립

(2) **내용(홍범 14조 반포)**

① 정치 : 의정부와 8아문을 7부로 개편, 재판소 설치(사법권 독립), 지방제를 8도에서 23부로 개편, 지방관의 권한 축소(사법권, 군사권 배제)

② 사회 : 교육 입국 조서 발표, 근대 교육 제도 마련(한성 사범 학교, 소학교, 외국어 학교 관제 발표)

③ 삼국 간섭으로 일본이 약화되어 사실상 박영효 주도로 개혁 진행

■ 홍범 14조

1. 청에 의존하는 생각을 버리고 독립의 기초를 세운다.
2. 왕실 전범을 제정하여 왕위계승의 법칙 그리고 종친과 외척과의 구별을 명확히 한다.
3. 임금은 각 대신과 의논하여 정사를 행하고, 종실, 외척의 내정 간섭을 용납하지 않는다.
4. 왕실 사무와 국정 사무를 나누어 혼동하지 않는다.
5. 의정부 및 각 아문의 직무와 권한을 명백히 규정한다.
6. 납세는 법으로 정하고 함부로 세금을 징수하지 않는다.
7. 조세의 징수와 경비 지출은 모두 탁지아문의 관할에 속한다.
8. 왕실과 경비는 솔선하여 절약하고 이로써 각 아문과 지방관의 모범이 되게 한다.
9. 왕실과 관부는 1년 회계를 예정하여 재정의 기초를 확립한다.
10. 지방 제도를 개정하여 지방 관리의 직권을 제한한다.
11. 총명한 젊은이들을 외국에 파견하여 학술, 기예를 견습시킨다.
12. 장교를 교육하고 징병을 실시하여 군제의 근본을 확립한다.
13. 민법, 형법을 제정하여 인민의 생명과 재산을 보호한다.
14. 문벌을 가리지 않고 인재 등용의 길을 넓힌다.

3. 을미 개혁(1895)

(1) **배경** : 청 · 일 전쟁 종결(시모노세키 조약, 1895) → 삼국 간섭[6]으로 일본 세력 약화 → 박영효 실각, 제3차 김홍집 내각 성립(친러파) → 을미사변[7] 발생 → 친일 내각 수립

(2) **내용** : 연호 제정(건양), 단발령 실시, 종두법 시행, 태양력 사용, 소학교 설치, 친위대(중앙) · 진위대(지방) 설치

4. 갑오 · 을미 개혁의 의의

(1) **의의** : 갑신정변과 동학 농민군의 요구 반영, 근대적 개혁(신분제 폐지 등)

(2) **한계** : 일본의 강요에 의해 시작, 일본 침략 정책에 이용, 민중의 지지 확보 실패(토지 개혁 소홀)

3 독립 협회

1. 독립 협회의 창립

(1) **배경** : 아관파천[8] 후 러시아의 간섭 강화, 서양 열강의 이권 침탈 심화

(2) **독립 신문 창간(1896)** : 서재필의 주도 아래 발간

(3) **개혁 관료와 개화 지식인을 중심으로 독립 협회 창립 → 국민적 단체로 성장**

2. 독립 협회의 활동

(1) **민중 계몽 활동**

① 독립문 건립, 독립신문 발간

② 강연회와 토론회 개최 → 만민 공동회 개최

(2) **자주 국권 운동**

① 이권 수호 운동

② 러시아의 군사 교관과 재정 고문 철수, 부산 절영도 조차 요구 강력 규탄

독립신문

6 삼국 간섭 : 청 · 일 전쟁 후 일본이 청으로부터 랴오둥 반도를 넘겨받고 세력을 확대하자 이를 막기 위해 러시아가 프랑스와 독일을 끌어들여 랴오둥 반도를 반환하도록 압박하였고 결국 일본은 랴오둥 반도를 청에게 돌려주었다.

7 을미사변 : 삼국 간섭 후 명성 황후가 친러 정책을 펴자 일본이 경복궁을 습격하여 명성황후를 시해하였다.

8 아관파천 : 을미사변 후 신변에 위협을 느낀 고종이 러시아 공사관으로 거처를 옮긴 사건이다.

구 러시아 공사관

(3) **자유 민권 운동**

① 신체의 자유권과 재산권 보호 요구

② 언론 · 출판 · 집회 · 결사의 자유 확보 노력

③ 국민 참정권 운동 전개

(4) **자강 개혁 운동**

① 관민 공동회 개최 : 만민 공동회에 정부 대신 참여, 헌의 6조 결의

② 의회 설립 운동 : 중추원 관제 반포(독립 협회와 박정양 내각이 중추원을 의회의 기능을 하도록 개편)

■ 헌의 6조

1. 외국인에게 의지하지 말고 관민이 한마음으로 힘을 합하여 전제 황권을 견고하게 할 것
2. 광산 · 철도 · 석탄 · 삼림 및 차관 · 차병과 모든 정부와 외국인과의 조약의 일은 각 부 대신과 중추원 의장이 합동으로 서명하여 날인하지 않으면 시행하지 못할 것
3. 모든 재정은 탁지부에서 관할하고, 예산 · 결산을 인민에게 공포할 것
4. 중대 범인의 재판은 공개하고, 피고가 자복한 뒤에 시행할 것
5. 칙임관은 황제가 정부에 자문하여 과반수가 되면 임명할 것
6. 장정을 실천할 것

3. 독립 협회의 해산(1898)

(1) **보수 세력의 모함** : 독립 협회가 공화정을 추진하려 한다고 모함

(2) **황제의 해산 명령으로 황국 협회[9]의 만민 공동회 습격, 군대를 동원하여 만민 공동회 해산, 지도자 체포**

4. 독립 협회의 의의와 한계

(1) **의의**

① 자주 국권, 자유 민권, 자강 개혁 운동을 추진

② 민중 계몽 운동을 통해 근대적 개혁 운동을 전개

(2) **한계**

① 러시아에는 배타적인 태도를 취했으나 그 외 일본 등에는 우호적 태도를 보임

② 근대 제도와 문물 수용에 역점을 두어 열강의 침략 의도를 제대로 파악하지 못함

9 황국 협회 : 황국 협회는 보부상 중심의 어용 단체로 보수적인 세력으로 이루어져 있었다.

4 대한제국과 광무 개혁

1. 대한제국

(1) **배경** : 고종의 환궁 여론, 러 · 일 간의 세력 균형 형성

(2) **대한제국의 성립**(1897) : 고종의 환궁(경운궁) → 황제 즉위식(환구단) → 대한제국 선포, '광무' 연호 제정

(3) **대한국 국제 반포**(1899) : 대한제국이 자주 독립 국가임을 선포, 황제가 무한한 권리를 가지는 전제 정치를 공식적으로 규정

환구단

2. 광무 개혁

(1) **원칙** : 구본신참[10]의 원칙 아래 점진적 개혁 추구

(2) **내용**

① 정치 : 황제권 강화, 궁내부 확대

② 경제 : 양전 사업 실시(지계[11] 발급), 식산흥업 정책(근대적 공장과 회사 설립), 근대 시설 설립(전화 가설, 전차 · 철도 부설 등)

③ 군사 : 원수부 설치, 시위대(중앙)와 진위대(지방) 군사 수 증가

④ 사회 : 유학생 파견, 실업 학교와 기술 교육 기관 설립

(3) **의의와 한계**

① 의의 : 자주 독립과 근대화 지향, 교육 · 과학 기술의 성장, 근대적 토지 소유 제도의 확립

② 한계 : 집권층의 보수적 성향, 황제권 강화로 민권 보장에는 이르지 못함, 열강의 간섭

---

10 구본신참(舊本新參) : 옛 것을 근본으로 삼고 새로운 것을 참고한다는 의미이다.

11 지계 : 토지 소유자에게 국가가 소유권을 보장하기 위해 발급한 문서로, 대한제국에서 근대적 토지 소유권 확립을 위해 발급하였다. 근대적 토지 소유권이란 토지 명부상 소유주와 실제 소유주를 일치시키고 토지를 자유롭게 매매할 수 있도록 하는 권한을 의미한다.

지계

Step 3 표를 통해 단원 복습하기

1. 동학 농민 운동의 전개

동학의 확산	교조 신원 운동 : 공주 · 삼례 집회, 보은 집회	
전개	고부 농민 봉기	조병갑의 횡포로 봉기, 황토현 · 황룡촌 전투
	전주 화약	집강소 설치, 폐정 개혁안 제시
	2차 농민 봉기	일본의 경복궁 점령, 청 · 일 전쟁 발발, 공주 우금치 전투에서 패배
의의	반봉건 · 반외세 운동	

2. 갑오 개혁과 을미 개혁

제1차 갑오 개혁	정치	군국기무처 설치, '개국' 연호, 과거제 폐지
	경제	재정의 일원화, 조세의 금납화
	사회	신분제 철폐
제2차 갑오 개혁	정치	홍범 14조 반포
	사회	교육 입국 조서 발표
을미 개혁	정치	'건양' 연호 제정
	사회	단발령, 종두법 실시

3. 독립 협회

창립	아관파천 이후 열강의 이권 침탈 심화 서재필의 주도 아래 독립신문 발간, 개화 지식인 중심으로 창립	
활동	자주 국권 운동	러시아의 절영도 조차 요구 저지
	자유 민권 운동	국민 참정권 운동 전개
	자강 개혁 운동	관민 공동회 개최, 헌의 6조, 의회 설립 운동
해산	보수 세력의 모함, 황국 협회의 습격으로 해산	

4. 대한제국과 광무 개혁

대한제국의 성립	고종의 환궁 → 황제 즉위식 → 대한제국 선포, '광무' 연호 제정, 대한국 국제 반포
광무 개혁	구본 신참의 원칙, 양전 사업 실시(지계 발급), 식산흥업 정책, 근대 시설 설립

Step 4 암기송을 들으며 가사 완성하기

Track 20

1 동학 농민 운동의 전개

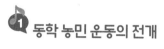

농촌 사회의 동요~ 동학의 확산 정부는 ❶______를 혹세무민의 죄로 처형

동학 교도들은 삼례 집회와 보은 집회를 열어 ❷____________을 전개하지.

고부 군수 조병갑의 횡포로 ❸______은 사발통문 돌려.

❹____________ 발생. 1차 농민 봉기는 이용태의 탄압으로 시작돼.

백산에서 집결. 제폭구민, 보국안민 주장하며

❺____________, 황룡촌 전투에서 관군을 격파했지. 마침내 전주성을 점령,

당황한 정부는 청에 원군을 요청. ❻_________이 체결됐어.

농민군은 ❼______를 설치. 청 · 일 군대의 철병 요구.

일본군이 경복궁을 점령. 조선에 내정 간섭을 하자 농민군은 2차 봉기 일으켰지만,

❽_______________에서 결국 패배하고 말아.

농민 운동의 의의! 반봉건 · ❾______!

2 갑오 개혁과 을미 개혁

일본은 ❶__________를 설치해 개혁을 추진하지.

이것이 1차 갑오 개혁. 개국 기원을 사용. ❷________를 폐지하지.

❸________으로 재정을 일원화, 은본위 화폐 제도 채택, 도량형 통일 해놔

❹__________하고 봉건적 폐습을 타파.

청일 전쟁 일본이 승기 잡자 2차 갑오 개혁 추진하지.

(뭐 사실상 삼국 간섭으로 일본이 약화돼 박영효 주도로 진행됐어)

❺________ 반포. 교육 입국 조서를 반포.

일본은 명성왕후를 시해 ❻________을 일으키네. 을미 개혁을 실시해.

❼______이란 연호 사용, 태양력 사용, ❽______을 실시했어용. x2

❸ 독립 협회

❶ ________ 이후 열강의 이권 침탈이 심화되자

서재필은 독립신문을 창간하고 ❷ ________ 를 창립했지.

❸ ________ 운동! 러시아의 절영도 조차 요구를 저지.

자유 민권 운동! 국민 참정 uh 운동을 전개.

자강 개혁 운동! ❹ ____________ 를 개최해 ❺ ________ 를 결의했어.

하지만 보수 세력의 모함. ❻ ________ 의 탄압. 독립 협회는 해산되고 말아.

❹ 대한제국과 광무 개혁

고종은 1년 만에 환궁. 황제 즉위식을 ❶ ______ 에서 거행.

❷ ________ 을 선포. 대한국 국제를 제정. 황제가 모든 권한 장악해. x2

❸ ________ 의 원칙에 따라 ❹ ________ 을 추진해.

원수부를 설치 근대적 토지 소유 증명서인 ❺ ______ 를 발급했어.

암/기/송/문/제/정/답

1. ① 최제우 ② 교조 신원 운동 ③ 전봉준 ④ 고부 농민 봉기 ⑤ 황토현 전투 ⑥ 전주 화약
   ⑦ 집강소 ⑧ 공주 우금치 전투 ⑨ 반외세
2. ① 군국기무처 ② 과거 제도 ③ 탁지아문 ④ 신분제 폐지 ⑤ 홍범 14조 ⑥ 을미사변 ⑦ 건양 ⑧ 단발령
3. ① 아관파천 ② 독립 협회 ③ 자주 국권 ④ 관민 공동회 ⑤ 헌의 6조 ⑥ 황국 협회
4. ① 환구단 ② 대한제국 ③ 구본신참 ④ 광무 개혁 ⑤ 지계

Step 5 핵심 문제를 통해 단원 마무리 짓기

실 / 전 / 문 / 제

1. OX 퀴즈

1 동학의 2대 교주는 최시형이다. ( )

2 조병갑의 횡포에 전봉준과 농민들이 고부에서 봉기하였다. ( )

3 청군이 경복궁을 점령하자 2차 농민 봉기가 이루어졌다. ( )

4 제1차 갑오 개혁에서 '건양' 연호를 사용하였다. ( )

5 제1차 갑오 개혁에서 과거제가 폐지되었다. ( )

6 청 · 일 전쟁 후 삼국 간섭으로 조선은 친일 정책을 폈다. ( )

7 을미 개혁으로 단발령, 종두법 등이 시행되었다. ( )

8 황국 협회는 황제의 반대에도 불구하고 만민 공동회를 습격하였다. ( )

9 고종은 환구단에서 황제 즉위식을 거행하였다. ( )

10 광무 개혁은 집권층의 적극적인 개혁 의지로 성공하였다. ( )

2. 빈칸 채우기

1 교조 최제우의 명예 회복과 동학 포교의 자유를 요구하며 ( )이 전개되었다.

2 동학 농민군은 1차 봉기 중 ( )과 황룡촌에서 정부군을 격파하였다.

3 동학 농민군은 2차 봉기 중 공주 ( )에서 패배하였다.

4 동학 농민 운동은 반봉건 · ( ) 투쟁이라는 의의를 가진다.

5 제1차 갑오 개혁에서 재정은 ( )으로 일원화되었다.

6 제1차 갑오 개혁에서 개혁을 위해 ( )를 설치하였다.

7 제2차 갑오 개혁에서 ( )를 반포하였다.

8 독립 협회는 러시아의 부산 ( ) 조차 요구를 저지하였다.

9 독립 협회는 관민 공동회에서 ( )를 결의하였다.

10 대한제국은 대한제국이 자주 독립 국가임을 선포하는 ( )를 반포하였다.

3. 초성 퀴즈

1 동학이 정치운동으로 발전하게 된 계기가 된 집회는? ············ ㅂㅇㅈㅎ (　　　　)

2 1차 농민 봉기 결과 정부와 농민군이 전주 화약을 맺고 전라도에 설치한 것은? ········ ㅈㄱㅅ (　　　　)

3 동학 농민 운동에서 농민들의 요구가 담긴 개혁안은? ············ ㅍㅈㄱㅎㅇ (　　　　)

4 제2차 갑오 개혁에서 고종이 교육에 관한 특별 조서는? ············ ㄱㅇㅇㄱㅈㅅ (　　　　)

5 을미 사변 후 신변의 위협을 느낀 고종이 러시아 공사관으로 거처를 옮긴 사건은?

············ ㅇㄱㅍㅊ (　　　　)

6 서재필 등이 중심이 되어 발간된 신문은? ············ ㄷㄹㅅㅁ (　　　　)

7 독립 협회가 의회 설립 운동으로 정부와 협상하여 반포한 것은? ············ ㅈㅊㅇㄱㅈ (　　　　)

8 광무 개혁 시행의 원칙은? ············ ㄱㅂㅅㅊ (　　　　)

9 광무 개혁으로 양전 사업을 실시하면서 발급한 문서는? ············ ㅈㄱ (　　　　)

10 광무 개혁에서 근대적 공장과 회사를 설립하는 정책을 무엇이라 하는가?

············ ㅅㅅㅎㅇㅈㅊ (　　　　)

실전 문제 정답

1 OX 퀴즈

1. O　2. O　3. X　4. X　5. O　6. X　7. O　8. X　9. O　10. X

2 빈칸 채우기

1. 교조 신원 운동　2. 황토현　3. 우금치　4. 반외세　5. 탁지아문　6. 군국기무처　7. 홍범 14조　8. 절영도　9. 헌의 6조　10. 대한국 국제

3 초성 퀴즈

1. 보은 집회　2. 집강소　3. 폐정 개혁안　4. 교육 입국 조서　5. 아관파천　6. 독립신문　7. 중추원 관제　8. 구본신참　9. 지계　10. 식산 흥업 정책

4-4 국권 피탈과 국권 수호 운동

Step 1 암기송을 통해 흐름 파악하기

Track 21

1 러 · 일 전쟁과 국권의 피탈

일본은 1904년 러 · 일 전쟁을 일으키지.

일본이 선전포고 없이 여순에 있는 러시아 함대를 기습 공격하면서 전쟁이 발발하였다. 이 전쟁으로 러 · 일 간에 포츠머스 조약이 체결되었다.

전쟁에 필요한 지역을 사용하기 위해서

한 · 일 의정서를 체결하게 했지. 오~ 그렇게 국권이 침탈된 거야.

제1차 한 · 일 협약을 체결해 외교와 재정에 외국인 고문 파견했어.

일본이 추천하는 일본인 재정고문 메가타와 미국인 외교 고문 스티븐스를 초빙하여 고문 정치를 실시하였다.

미국과 일본, 러시아도 일본의 한반도 지배권 인정하며 우린 무너졌어.

1905년 을사늑약이 체결. 외교권 박탈. 통감부가 설치돼.

강제로 맺어진 조약이라는 의미에서 '늑약'이라고 부른다.

고종은 헤이그에 특사를 파견해 조약이 무효라 알렸지만

이준, 이상설, 이위종을 만국 평화 회의에 파견하였다.

일제는 고종을 강제 퇴위시켜.

한 · 일 신협약을 체결 차관 정치를 시작해.

'정미 7조약'이라고도 부른다. 고문 제도를 폐지하고 내각의 차관이 일본인으로 교체되었다.

우리의 군대를 해산. 기유각서를 체결해 사법권을 박탈, 이후 경찰권도 박탈당해.

사법권과 감옥 사무를 박탈하고 통감부에 사법청을 설치하였다.

1910년 한 · 일 병합 조약이 체결돼. 일제의 식민지로 전락했어.

경술년에 일어난 치욕적인 날이라 하여 '경술국치'라고도 부른다.

2 항일 의병 운동과 의열 투쟁의 전개

유생 **을미의병** 전개. **을사의병**에는 신돌석이 활약해.

평민 출신 의병장인 신돌석 부대는 강원도, 경상북도, 충청도 접경 지대 등을 누비며 많은 전과를 올렸다.

정미의병은 해산 군인들의 합류.

해산된 군인들이 근대적 무기를 가지고 지방에 내려가 의병에 가담함으로써 의병 부대의 규모가 커지게 되었다.

13도 창의군이 결성. 서울 진공 작전 하려 했지만 실패.

을사늑약 체결에 반대하는 투쟁이 전개 .

장지연은 '시일야방성대곡'을 발표, 민영환과 조병세는 자결을.

을사늑약에 반대하며 황성신문에 게재하였다.

안중근은 이토히로부미를 처단,

나철과 오기호는 5적 암살단을 조직하지.

이재명은 이완용을 습격했고

전명운과 장인환은 외교 고문이었던 스티븐스를 사살했지.

일본의 한국 통치를 찬양하고 미화하는 망언을 한 스티븐스를 전명운과 장인환이 사살하였다.

3 애국 계몽 운동

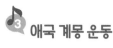

실력을 양성해 국권을 회복하려는 애국 계몽 운동 전개돼.

보안회는 일제의 황무지 개간권 저지 운동을 벌여 성공.

러일전쟁 중 일제가 산림, 황무지 개척권을 요구하였다.
이는 조선을 식량과 원료 공급지로 삼기 위함이었다.

헌정연구회는 입헌 군주제를 수립하려 했어.

대한자강회는 고종 퇴위 반대 운동 벌였고

대한협회도 민권을 신장하려 노력했어.

안창호와 양기탁이 조직한 비밀 결사 단체인 **신민회**!

표면적으로는 합법적인 실력 양성 운동을 표방했지만
내면적으로는 독립군 기지를 건설하고 군사력을
양성하는 무장 투쟁을 전개하였다.

공화 정체의 국가 수립을 목표로 했어.

대성학교와 오산학교 설립하고 태극서관과 자기회사를 운영했지.

신흥 무관 학교를 세워 독립을 위해 노력했지만 105인 사건으로 해산되고 말았어.

Step 2 개념 잡고 한국사 달인 되기

1 러 · 일 전쟁과 국권의 피탈

1. 한 · 일 의정서(1904.2)

(1) **배경** : 삼국 간섭 이후 격화된 러시아와 일본의 갈등으로 러 · 일 전쟁 발발

(2) **내용** : 일본이 한국 내에서 군사 기지를 마음대로 사용할 수 있도록 허용

2. 제1차 한 · 일 협약(1904.8)

(1) **배경** : 러 · 일 전쟁에서 일본이 승세를 잡음

(2) **내용** : 일본인 메가타[1]를 재정 고문으로, 미국인 스티븐스[2]를 외교 고문으로 한국에 파견

3. 을사 늑약(1905)

(1) **배경** : 열강이 일본의 한반도 지배를 인정 가쓰라 · 태프트 밀약[3](일본-미국), 제2차 영 · 일 동맹[4](일본-영국), 포츠머스 조약[5] (일본-러시아)

(2) **내용** : 외교권 박탈, 통감부 설치

(3) **결과** : 자주적인 외교 활동이 불가능, 고종이 헤이그 만국평화회의에 특사 파견[6] → 고종의 강제 퇴위, 순종 즉위

4. 한 · 일 신협약(1907, 정미7조약)

(1) **통감의 내정 간섭 권한 강화, 일본인을 차관으로 임명하는 차관 정치 제도**

(2) **군대 강제 해산** : 박승환의 자결

5. 기유각서(1909) **: 사법권 박탈**

6. 경찰권 박탈(1910. 6)

---

1 메가타 : 탁지부 고문으로 들어와 화폐 개혁을 단행하고 한국 식민지화를 위한 기초를 닦았다.

2 스티븐스 : 미국의 외교관으로 일본 외무성의 고용원으로 일하다가 한국의 외교 고문이 되었다.

3 가쓰라 · 태프트 밀약 : 일본과 미국이 맺은 밀약으로 조선과 필리핀의 상호 지배를 승인하였다.

4 제2차 영 · 일 동맹 : 조선에서 일본, 인도에서 영국의 우위권을 인정하였다.

5 포츠머스 조약 : 러 · 일 전쟁의 결과로 맺어진 조약으로 조선에 대한 일본의 우월권을 전면적으로 인정하였다.

6 헤이그 특사 파견 : 1907년 6월 네덜란드 헤이그에서 제2차 만국평화회의가 열렸을 때, 고종은 이상설 · 이준 · 이위종을 밀사로 파견하였다. 이들은 끝내 회의에 참석하지 못하였고 이준은 순국하였다. 일본은 고종 황제를 1907년 7월 강제 퇴위시키고 순종을 즉위케 하였다.

이상설

7. 한 · 일 병합 조약(1910. 8. 22) : 국권 피탈, 대한제국의 국가 주권 소멸

■ 을사늑약

1. 일본 정부는 한국의 외국에 대한 관계 및 사무를 감리 지휘한다.
2. 한국 정부는 일본 정부의 중개 없이 국제적 성질을 갖는 조약이나 약속을 할 수 없다.
3. 상기 업무를 위하여 한국에 통감 1인을 두고, 일본 정부는 한국의 각 개항장 및 그들이 요구하는 지역에 이사관 설치의 권리를 갖는다.
4. 한국과 일본의 현존하는 모든 조약 및 약속은 이 조약에 위반되지 않은 한 효력을 유지한다.

2 항일 의병 운동과 의열 투쟁의 전개

1. 항일 의병 운동

(1) 을미의병

① 배경 : 을미사변과 단발령
② 특징 : 위정척사 사상을 계승한 유생층이 주도(유인석, 이소응 등)
③ 활동 : 관군 및 일본군과 격전을 벌이면서 지방의 친일 관료들을 처단
④ 해산 : 아관파천 후 고종의 단발령 철회, 의병 해산 권고 조칙으로 해산

(2) 을사의병

① 배경 : 을사늑약
② 특징 : 유생 출신 의병장(최익현[7])의 활동, 평민 출신 의병장(신돌석[8]) 등장
③ 활동 : 을사늑약의 반대와 친일 내각 타도를 목표로 무장 항전

최익현(좌)과 신돌석(우)

(3) 정미의병

① 배경 : 고종의 강제 퇴위 및 군대 해산
② 특징 : 해산 군인의 의병 합류, 의병 전쟁으로 전환, 전국적 확산

7 최익현 : 최익현은 이항로의 제자이며 강화도 조약 때 왜양일체론을 주장하였다. 을사조약 때는 제자 임병찬과 함께 전북 태인에서 의병을 이끌고 순창으로 나아갔다. 이후 포로가 되어 1907년 1월 쓰시마 섬에서 순절하였다.

8 신돌석 : 경상, 강원도 지역에서 활약하였으며 사람들은 그를 '태백산 호랑이'라고 불렀다.

③ 활동 : 13도 창의군의 서울 진공 작전[9] → 실패
④ 일제의 남한 대토벌 작전[10](1909)으로 간도, 연해주로 의병 이동

해산 군인의 의병 합류

(4) 항일 의병 운동의 의의와 한계

① 의의 : 민족의 강인한 저항 정신 표출, 국권 회복을 위한 무장 투쟁 주도
② 한계 : 조직과 화력의 열세, 유생 의병장들의 봉건적 한계

2. 의열 투쟁의 전개 – 을사늑약 체결 반대

황성신문 '시일야방성대곡'

(1) **고종** : 미국에 친서 전달, 헤이그 특사 파견
(2) **황성신문에 '시일야방성대곡' 발표**(장지연)
(3) **민영환[11] · 조병세의 자결**
(4) **을사의병**
(5) **나철 · 오기호** : 5적[12] 암살단
(6) **장인환 · 전명운** : 샌프란시스코에서 외교 고문 스티븐스 사살(1908)
(7) **안중근** : 만주 하얼빈역에서 이토 히로부미 처단(1909)
(8) **이재명** : 이완용 습격

안중근

9 서울 진공 작전 : 이인영을 총대장으로 하고 전국의 의병부대 연합전선을 형성하였다. 서울 주재 각국 영사관에 통문을 보내 의병을 국제법상의 전쟁 단체로 인정하고 후원해 줄 것을 요청하였다. 1908년 정월에 군사장 허위의 선발대가 동대문 밖 30리 지점까지 진격하였으나 일본군의 우수한 전력과 선제 공격에 선발대는 후속 부대와 연결되지 않았고, 부친상을 당한 이인영이 불효는 불충이라면서 전열에서 이탈하였다. 이로 인해 서울 진공 작전은 결국 실패하였다.

10 남한 대토벌 작전 : 일본이 의병활동을 근절하고 식민지 지배의 기초를 확립하기 위해 실시하였다. 의병 부대는 크게 타격을 받았고 대부분이 만주와 연해주로 옮겨 갔다.

11 민영환 : 고종과 2천만 동포에게 보내는 유서를 남기고 자결하였다.

12 을사 5적 : 을사늑약 체결에 찬성했던 이완용(학부), 이지용(내무), 이근택(군부), 권중현(농상공부), 박제순(외부)을 이른다.

민영환

3 애국 계몽 운동

1. 성격 : 교육 진흥과 산업 육성 등을 통해 실력을 양성하여 국권을 회복하려 함

2. 주요 단체의 활동

(1) **보안회**(1904) : 러 · 일 전쟁 중 일제의 황무지 개척권 요구 반대 운동 전개 → 성공

(2) **헌정 연구회**(1905) : 입헌 군주제를 달성하여 국민의 민권을 확대시키고 이를 기초로 국가 발전을 추구할 것을 주장

(3) **대한 자강회**(1906) : 교육과 산업을 진흥시켜 독립의 기초를 마련할 것을 주장, 고종 황제 강제 퇴위 반대 운동 전개

(4) **대한협회**(1907) : 교육의 보급, 산업 개발 및 민권 신장을 주장

(5) **신민회**(1907)

① 조직 : 안창호, 양기탁 등이 중심, 비밀 결사 조직

② 목표 : 실력 양성을 통한 국권 회복과 공화 정체의 근대 국민 국가 건설

③ 활동 : 민족 교육(대성학교, 오산학교), 경제 자립 운동(자기회사, 태극서관 운영), 무장 독립 투쟁(남만주 삼원보, 신흥무관 학교)

④ 해산 : 105인 사건[13](1911)으로 해산

안창호

3. 교육 및 언론 • 출판 활동

(1) **교육 구국 운동** : 근대 학교와 학회(기호 흥학회, 서북학회 등) 설립, 교과서의 편찬, 의무 교육 실시 운동

(2) **언론 · 출판 운동** : 신문(황성신문, 대한매일신보) · 잡지의 발간과 강연회 · 토론회 개최 등을 통하여 독립 의지를 일깨움

(3) **국학 연구** : 민족 의식을 고취하기 위해 위인전 간행(을지문덕전, 이순신전 등)

4. 의의 및 한계

(1) **의의** : 민족 운동의 올바른 이념을 제시, 근대 의식 고취

(2) **한계** : 경제 · 문화적 실력 양성 운동에만 주력, 의병 투쟁에 회의적(신민회 제외)

13 105인 사건 : 1910년 안명근 사건을 계기로 테라우치 총독 암살 모의 사건을 날조한 일본 경찰은 이 사건을 신민회가 뒤에서 조종한 것처럼 조작하였다. 이후 1912년 윤치호, 양기탁, 이승훈 등 600여 명의 신민회 회원들과 민족주의적 기독교인들을 검거하고, 이들 중 105인을 기소하였다. 이 사건으로 신민회는 큰 타격을 받아 자연 해체되었다.

Step 3 표를 통해 단원 복습하기

1. 러 · 일 전쟁과 국권의 피탈

한 · 일 의정서(1904) : 일본이 한국 내 군사 기지 이용

↓

제1차 한 · 일 협약(1904) : 고문 정치(메가타, 스티븐스)

↓

을사늑약(1906) : 외교권 박탈, 통감부 설치

↓

한 · 일 신협약(1907) : 차관 정치 제도, 군대 강제 해산

↓

기유각서(1909) : 사법권 박탈

↓

경찰권 박탈(1910)

↓

한 · 일 병합 조약(1910.8) : 국권 피탈

2. 항일 의병 운동과 의열 투쟁의 전개

	전개	배경	특징
항일 의병 운동	을미의병	을미사변, 단발령	유생층 주도
	을사의병	을사늑약	평민 출신 의병장 등장 (신돌석)
	정미의병	고종의 강제 퇴위, 군대 해산	해산 군인 합류, 서울 진공 작전
의열 투쟁	고종의 헤이그 특사 파견, 장지연의 '시일야방성대곡'(황성신문), 민영환 자결, 5적 암살단(나철, 오기호), 장인환 · 전명운(스티븐스 사살), 안중근(이토 히로부미 처단), 이재명(이완용 습격)		

3. 애국 계몽 운동

주요 단체	보안회(1904)	일제의 황무지 개척권 요구 철회
	헌정 연구회(1906)	입헌군주제 주장
	대한 자강회(1906)	교육과 산업의 진흥 주장
	대한 협회(1907)	교육의 보급, 민권 신장 주장
	신민회(1907)	비밀 결사, 공화 정체의 근대 국민 국가 건설, 안창호 · 양기탁 중심, 105인 사건으로 해산
주요 활동	교육 구국 운동, 언론 · 출판 운동 등	

Step 4 암기송을 들으며 가사 완성하기

Track 21

1 러 · 일 전쟁과 국권의 피탈

일본은 1904년 ❶__________을 일으키지.

전쟁에 필요한 지역을 사용하기 위해서

❷_____________를 체결하게 했지. 오~ 그렇게 국권이 침탈된 거야.

❸________________을 체결해 외교와 재정에 외국인 고문 파견했어.

미국과 일본, 러시아도 일본의 한반도 지배권 인정하며 우린 무너졌어.

1905년 ❹__________이 체결. 외교권 박탈. 통감부가 설치돼.

고종은 ❺_____________를 파견해 조약이 무효라 알렸지만

일제는 고종을 강제 퇴위시켜.

한 · 일 신협약을 체결 ❻__________를 시작해.

우리의 군대를 해산. 기유각서를 체결해 사법권을 박탈, 이후 경찰권도 박탈당해.

1910년 ❼_____________이 체결돼. 일제의 식민지로 전락했어.

2 항일 의병 운동과 의열 투쟁의 전개

유생 을미의병 전개. ❶________에는 신돌석이 활약해.

❷________은 해산 군인들의 합류.

13도 창의군이 결성. ❸__________ 하려 했지만 실패.

을사늑약 체결에 반대하는 투쟁이 전개.

❹______은 '시일야방성대곡'을 발표, 민영환과 조병세는 자결을.

❺______은 이토 히로부미를 처단,

나철과 오기호는 ❻__________을 조직하지.

❼______은 이완용을 습격했고

❽_____________은 외교 고문이었던 스티븐스를 사살했지.

3 애국 계몽 운동

실력을 양성해 국권을 회복하려는 애국 계몽 운동 전개돼.

❶ ______는 일제의 황무지 개간권 저지 운동을 벌여 성공.

❷ __________는 입헌 군주제를 수립하려 했어.

❸ __________는 고종 퇴위 반대 운동 벌였고

대한협회도 민권을 신장하려 노력했어.

안창호와 양기탁이 조직한 비밀 결사 단체인 ❹ ______!

❺ ________의 국가 수립을 목표로 했어.

❻ ______________ 설립하고 태극서관과 자기회사를 운영했지.

신흥 무관 학교를 세워 독립을 위해 노력했지만

❼ __________으로 해산되고 말았어.

암/기/송/문/제/**정**/**답**

1. ① 러 · 일 전쟁 ② 한 · 일 의정서 ③ 제1차 한 · 일 협약 ④ 을사늑약 ⑤ 헤이그에 특사 ⑥ 차관 정치 ⑦ 한 · 일 병합 조약
2. ① 을사의병 ② 정미의병 ③ 서울 진공 작전 ④ 장지연 ⑤ 안중근 ⑥ 5적 암살단 ⑦ 이재명 ⑧ 전명운과 장인환
3. ① 보안회 ② 헌정 연구회 ③ 대한 자강회 ④ 신민회 ⑤ 공화 정체 ⑥ 대성학교와 오산학교 ⑦ 105인 사건

Step 5 핵심 문제를 통해 단원 마무리 짓기

실 / 전 / 문 / 제

1. OX 퀴즈

1 러 · 일 전쟁으로 삼국 간섭이 발생하였다. ( )

2 제1차 한 · 일 협약으로 스티븐스가 외교 고문으로 파견되었다. ( )

3 포츠머스 조약으로 러시아는 조선에 대한 우월권을 인정받았다. ( )

4 을사늑약의 결과 우리나라는 차관 정치를 실시하였다. ( )

5 기유각서로 일본은 조선의 사법권을 박탈하였다. ( )

6 을미 사변과 단발령으로 을사의병이 일어났다 ( )

7 고종의 강제 퇴위 및 군대 해산으로 정미의병이 일어났다. ( )

8 을사늑약 체결에 민영환과 조병세는 자결하는 것으로 저항하였다. ( )

9 안중근은 샌프란시스코에서 외교 고문 스티븐스를 사살하였다. ( )

10 이재명은 이완용을 습격하였다. ( )

2. 빈칸 채우기

1 ( )는 러 · 일 전쟁 중 일본이 한국 내에서 군사 기지를 마음대로 사용할 수 있도록 하는 것이었다.

2 미국은 일본의 한반도 지배를 인정하며 일본과 ( )을 맺었다.

3 영국은 인도에서, 일본은 조선에서의 우월권을 인정하며 ( )을 맺었다.

4 한 · 일 병합 조약으로 ( )이 피탈되었다.

5 네덜란드 만국 평화 회의에 이상설, ( ), 이위종이 밀사로 파견되었다.

6 을미 의병은 주로 ( )이 주도하였다

7 정미 의병은 해산 군인의 합류로 ( )으로 전환되었고 전국적으로 확산되었다.

8 을사늑약에 대한 저항으로 나철과 오기호는 ( )을 조직하였다.

9 ( )는 일제의 황무지 개척권 요구 반대 운동을 하여 철회를 성공시켰다.

10 신민회는 ( )으로 해체되었다.

3. 초성 퀴즈

1 제2차 한 · 일 협약 결과 재정 고문으로 파견된 일본인은? ……… ㅁㄱㅌ (   )

2 을사늑약은 일본에게 어떠한 권리를 빼앗게 된 것인가? ……… ㅇㄱㄱ (   )

3 한 · 일 신협약으로 군대가 강제 해산하자 자결로 저항한 사람은? ……… ㅂㅅㅎ (   )

4 고종이 을사늑약의 부당함을 알리기 위해 네덜란드에 파견한 것은? ……… ㅎㅇㄱㅌㅅ (   )

5 을사의병에서 평민 출신 의병장으로 등장한 대표적 인물은? ……… ㅅㄷㅅ (   )

6 13도 창의군이 연합 전선을 형성하고 추진하였지만 결국 실패한 작전은? ……… ㅅㅇㅈㄱㅈㅈ (   )

7 일제에 의해 실시된 것으로, 대부분의 의병이 간도나 연해주로 이주하게 된 계기가 된 사건은?
……… ㄴㅎㄷㅌㅂㅈㅈ (   )

8 신민회가 주장했던 정치 형태는? ……… ㄱㅎㅈ (   )

9 1906년 입헌 군주제와 국민의 민권 확대를 주장한 애국 계몽 단체는? ……… ㅎㅈㅇㄱㅎ (   )

10 신민회가 무장 독립 투쟁을 위해 남만주에 건설한 것은? ……… ㅅㅇㅂ (   )

실전 문제 정답

1 OX 퀴즈
1. X 2. O 3. X 4. X 5. O 6. X 7. O 8. O 9. X 10. O

2 빈칸 채우기
1. 한 · 일 의정서 2. 가쓰라 · 태프트 밀약 3. 제2차 영 · 일 동맹 4. 국권 5. 이준 6. 유생층
7. 의병 전쟁 8. 5적 암살단 9. 보안회 10. 105인 사건

3 초성 퀴즈
1. 메가타 2. 외교권 3. 박승환 4. 헤이그 특사 5. 신돌석 6. 서울 진공 작전 7. 남한 대토벌 작전
8. 공화정 9. 헌정 연구회 10. 삼원보

4-5 개항 이후 경제 · 사회의 변화

Step 1 암기송을 통해 흐름 파악하기

Track 22

1 열강의 경제적 침탈과 대응

청일 전쟁과 아관파천 계기로 열강의 이권 다툼 치열해지고

일본은 한국의 금융을 지배해.

메가타 주도로 화폐 정리 사업 실시돼.

한국의 화폐를 정리하여 일본의 금융이 한국을 지배하려는 것이었다.

조선의 시전 상인들은 황국 중앙 총상회를 조직 상권 수호 운동을 전개해.

일본으로 곡물이 유출되자 함경도와 황해도에서 방곡령을 선포했고

일본으로의 곡물 유출과 흉년으로 곡물 가격이 폭등하여 시행하게 되었다.

국채 보상 운동이 대구에서 서상돈 중심으로 확산됐어.

청과 일본 상인의 경제 침탈과 제국주의 열강의 이권 침탈 속에 나라를 살리려 노력했어.

근대적 교육 제도와 근대 시설이 도입되면서 생활의 변화도 일어나.

독도와 간도의 아픈 역사는 잊지 말아줘.

2 근대적 제도와 문물의 도입

1880년대 덕원 주민들은 최초의 근대적 교육 기관인 원산 학사 세워.

원산이 개항한 이후 신지식에 대한 주민의 요구로 덕원 · 원산의 관민이 합심하여 원산 학사를 설립하였다.

정부도 육영공원 세웠지.

갑오 개혁기 소학교와 사범학교, 대한 제국기 한성 중학교,

애국 계몽기 선교사들이 이화학당 설립했고

박은식 연개소문전, **신채호** 독사신론 저술.

애국심과 영웅 의식, 민족 의식을 강조하기 위해 전기가 많이 등장하였다.

알렌은 최초의 근대 병원 광혜원을 운영.

전차와 철도 개설.

독립문과 명동 성당, 덕수궁 석조전 건설,

신소설, 이인직의 혈의 누

신소설은 고전 소설과 구별되는 것으로 이인직의 '혈의 누'에서 처음으로 사용되었다.

최초의 서양식 극장 원각사가 설립됐어.

박은식은 유교구신론, 한용운은 불교유신론

오직 불교의 낡은 습관을 고쳐 새로운 세대에 맞도록 고쳐야 한다는 주장이다.

손병희의 천도교는 만세보를 간행, 나철과 오기호는 대종교를 창시하네.

3 독도와 간도

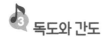

독도는 신라 지증왕 때 우산국을 복속한 이래 우리 영토.

일본도 태정관문서를 통해 인정 대한제국 칙령 41호 반포

고종 황제는 1900년 10월 25일에 칙령 41호를 반포하여 칙령 41호를 반포하여 울릉도를 울도군으로 격상시키고 독도를 울도군으로 포함시켰다.

그렇게 독도가 우리의 영토임을 알렸지만 1905년

러 · 일 전쟁 중 일본은 시마네현으로 편입시켰어. (독도는 우리 땅)

간도는 백두산 정계비 해석 문제로 19세기 말

'서쪽은 압록강을 경계로 삼고 동쪽은 토문강을 경계로 삼는다'는 구문 중 토문강의 해석이 문제가 되었다.

청과 영유권 갈등 발생, 함경도로 편입시켰지만

1909년 일제는 남만주 철도 부설권을 얻는 대가로

간도 협약 맺어 청의 영토로 인정했어.

청과 일본 상인의 경제 침탈과 제국주의 열강의 이권 침탈 속에 나라를 살리려 노력했어.

근대적 교육 제도와 근대 시설이 도입되면서 생활의 변화도 일어나.

독도와 간도의 아픈 역사는 잊지 말아줘.

Step 2 개념 잡고 한국사 달인 되기

1 열강의 이권 침탈과 대응

1. 열강의 경제적 침탈

(1) 개항 초기 일본 상인의 활동

① 무역 형태 : 개항장에서 10리 이내의 거류지 무역 단계

② 개항장을 통한 영국의 면제품과 곡물, 금의 교환 체제

(2) 임오군란 ~ 청 · 일 전쟁 시기 : 조 · 청 상민 수륙 무역 장정 체결로 청 상인의 서울 진출, 내지 통상권 허용 → 외국 상인의 내륙 시장 진출의 빌미, 청 · 일 상인의 경쟁 심화

(3) 청 · 일 전쟁 ~ 러 · 일 전쟁 시기

① 일본 상인들의 조선 시장 독점

② 영국산 면제품이 일본산으로 대체되기 시작

③ 열강 이권 침탈 심화 : 철도 부설권, 광산 채굴권, 산림 채굴권 등

(4) 러 · 일 전쟁 이후(일본의 독점적 지배를 국제적으로 인정)

① 일본의 차관 제공 : 화폐 정리 명목으로 재정적 예속화 추진

② 일본의 토지 약탈의 본격화 : 동양 척식 주식회사[1] 설립

동양 척식 주식회사

(5) 화폐 정리 사업 시행(1905~1909)

① 재정 고문 메가타의 건의로 실시

② 대한제국 정부로 하여금 일본 제일은행으로부터 차관을 들여와 한국의 화폐를 일본과 동일하게 하기 위한 화폐 정리 사업을 단행. 백동화 · 상평통보를 일본 제일 은행권으로 교환 → 국내 상공업자들에게 타격

❖ 열강의 이권 침탈

국가	이권 침탈의 내용
러시아	압록강 유역 · 울릉도 삼림 채벌권, 한 · 러 은행 설치권
미국	경인선 철도 부설권(→ 일본에 양도), 평안도 운산 금광 채굴권, 서울 시내 전차 · 전화 · 전등 시설권
일본	경부선 철도 부설권, 충청도 직산 금광 채굴권
영국	평안도 은산 금광 채굴권
프랑스	경의선 철도 부설권(→ 일본에 양도)
독일	강원도 당현 금광 채굴권

1 동양 척식 주식회사 : 토지 약탈을 목적으로 1908년 설립되었다. 주로 여주, 재령, 봉산, 창원 등지의 토지를 약탈하여 업무를 개시한 지 불과 1년 반 만에 약 3만 정보를 점유하였다.

2. 경제적 구국 운동

(1) **방곡령 선포** : 함경도 · 황해도 등 지방관의 곡물 유출 금지령, 조 · 일 통상 장정 활용 → 일본의 항의로 철회, 막대한 배상금 지불

(2) **조선 상인의 대응**

① 시전 상인 : 황국 중앙 총상회를 조직하여 상권 수호 운동 전개

② 경강 상인 : 증기선을 구입하여 일본 상인에 대항

③ 객주, 여각 및 보부상 : 1880년대 이후 대다수의 상인들이 외국 상인의 침탈로 타격을 받음, 자본 축적에 성공한 일부 상인들은 상회사[2]를 설립하여 대응

(3) **금융 기관의 설립** : 조선은행, 한성은행, 대한천일은행, 한일은행 등 대부분 1905년 화폐 정리 사업으로 몰락하거나 변질

(4) **독립 협회의 이권 수호 운동** : 주로 러시아와 프랑스의 이권을 대상으로 전개

(5) **황무지 개간권 운동 반대**(1904) : 보안회, 농광회사[3]

(6) **국채 보상 운동**(1907~1908)

① 배경 : 한국의 재정을 일본재정에 예속시키기 위해 일본의 차관 공세가 계속됨

② 전개

- 대구의 서상돈 등을 시작으로 국채 보상 기성회를 조직하고 전국적으로 확산
- 언론 기관의 참여 : 대한매일신보, 황성신문, 제국신문, 만세보 등이 적극 참여
- 전 계층이 참여, 모금 운동

(7) **실패** : 일제의 탄압과 지도부의 한계 등으로 실패

2 근대적 제도와 문물의 도입

1. 교육

(1) **원산학사**(1883) : 함경도 덕원 주민들이 중심이 되어 설립한 최초의 근대적 사립학교, 근대 학문과 무술을 교육

(2) **동문학**(1883) : 정부 설립, 외국어 교육(영어, 일본어)

(3) **육영공원**(1886) : 관립 학교, 관료와 고관 자제들의 교육을 위해 설립, 헐버트 등 외국인 교사를 초빙하여 근대 학문 교육

---

2 상회사의 설립 : 초기(1880년대)에는 대동상회 · 장통회사가 대표적이다. 갑오 개혁 이전에 전국적으로 40여 개 회사가 설립되었고 동업자 조합의 성격에서 점차 주식회사 형태로 발전하였다.

3 농광회사 : 러 · 일 전쟁을 일으킨 직후 일본이 황무지 개간권을 요구해오자, 이에 대한 반대 여론이 고조되어 관료와 실업인이 한국인에 의한 황무지 개간과 광산개발을 위하여 농광회사를 설립하고 정부에 특허를 요청하였다. 이에 대해 일본은 황무지 개간권을 철회하는 조건으로 이 회사에 대한 정부의 허가를 취소할 것을 요구하였고, 정부가 이에 동의하여 본격적인 활동은 하지 못한 채 해체되었다.

(4) **연무공원**(1888) : 근대식 사관 양성 학교, 미국인 교관 초빙

(5) **갑오 개혁** : 학무아문 설치, 교육 입국 조서 반포(사범학교, 소학교, 중학교, 외국어학교 등 설립)

(6) **대한제국 시기** : 광무 개혁 - 한성 중학교, 실업 기술 교육 기관 설립

(7) **사립학교의 설립**

① 선교사들의 설립 : 기독교 계통의 학교 설립, 배제학당(1885), 이화학당(1886), 숭실학교(1897) 등

② 민족 사학의 설립 : 서전서숙(1906, 이상설), 오산학교(1907, 이승훈), 대성학교(1907, 안창호), 신흥학교(1907, 이시영)

(8) **일제의 탄압** : 사립 학교령[4](1908)으로 탄압, 교과용 도서 검정 규정 실시

이화학당

2. 국학 연구

(1) 국사 연구

① 국민 계몽적 역사 연구-위인전(이순신전, 을지문덕전), 외국의 독립 운동, 흥망사 소개(미국 독립사, 이태리 건국 삼걸전)

② 신채호 : "독사신론[5]" 저술

③ 박은식 : "동명성왕신기", "연개소문전" 등 저술

(2) 국어 연구

① 국한문체의 보급 : 갑오 개혁 이후 공 · 사문서, 교과서에 사용, 유길준의 "서유견문", 황성신문, 대한매일신보

② 한글 전용 신문(독립신문, 제국신문)

③ 국문 연구소 설립(1907)

④ 한글 연구 : 유길준 "대한문전", 주시경 "국어문법"

4 사립 학교령 : 사립 학교를 설립할 때 반드시 인가를 받아야 한다는 것으로 사립 학교의 설립과 운영을 통제하였다.

5 독사신론 : 근대 사학으로의 출발점으로 평가받는 사론이다. 역사 서술상의 주체를 민족으로 설정하고 왕조 중심의 전통사관을 극복하여 민족사관을 정립하였다.

3. 근대 시설의 도입

(1) 통신

① 전신 : 서울-인천, 서울-의주 설치(1885, 청), 서울-부산(1888), 서울-원산(1891) 완성

② 전화 : 경운궁 가설(1898)

③ 우편 : 우정총국 설치(1884), 만국 우편 연합에 가입(1900)

(2) 교통

① 철도 : 경인선(1899, 노량진~인천), 러 · 일 전쟁 중 일본에 의해 경의선 · 경부선 부설(1904)

② 전차 : 서대문~청량리(1899)

(3) 전기 : 전등 설치(경복궁, 1887), 한성전기회사(1898)

(4) 의료

① 광혜원 : 정부의 지원을 받아 알렌이 세운 최초의 근대식 병원(1885), 제중원으로 개칭

② 광제원 : 정부가 설립한 국립 병원(1889)

③ 세브란스 병원 : 미국인 세브란스가 세운 민간 병원(1904)

④ 그 외 : 대한의원(국립 병원, 1907), 자혜의원(지방 국립 병원, 1909), 지석영은 종두법 실시

(5) 건축 : 독립문(파리 개선문 모방), 덕수궁 석조전(르네상스양식 건물), 명동 성당(중세 고딕양식) 등 교회 건물

광혜원

전차

독립문

덕수궁 석조전

명동 성당

4. 문학과 예술

(1) 문학의 새 경향

① 신소설의 등장 : 혈의 누(이인직), 자유종(이해조), 금수회의록(안국선)
② 신체시 : '해에게서 소년에게'(최남선)
③ 번역 문학 : 천로역정(성경), 이솝이야기, 로빈슨 표류기, 걸리버 여행기 등

(2) 예술계의 변화

① 음악 : 서양 근대 음악의 소개, 창가의 유행(권학가, 애국가 등), 판소리
② 연극 : 최초의 서양식 극장인 원각사 건립, 이인직의 작품인 은세계, 치악산 등 공연
③ 미술 : 서양식 유화 등장, 원근법 소개

5. 종교계 변화

(1) **유교** : 박은식 '유교구신론' 발표, 유교의 개혁 주장, 실천성이 강한 양명학에 주목
(2) **불교** : 한용운 '조선불교유신론' 저술, 불교의 미신적 요소를 배격하고 불교의 자주성 회복, 근대화 운동 추진 주장
(3) **천주교** : 1886년 프랑스와 수교 이후 선교의 자유 획득, 고아원과 양로원 운영
(4) **개신교** : 선교사들이 교육 사업, 의료 사업 등 전개
(5) **천도교** : 1905년 말 손병희가 동학을 천도교로 개편, 만세보 간행, 보성학교 운영
(6) **대종교** : 나철과 오기호 등이 단군신앙을 발전시켜 창시(1909), 간도와 연해주 등지에서 무장 독립 투쟁 전개

■ 유교구신론

바르고 순수하며 광대 정미하여 많은 성인이 뒤를 이어 전하고 현인이 강명하는 유교가 끝내 인도의 불교와 서양의 기독교와 같이 세계의 대발전을 하지 못함은 어째서이며, 근세에 이르러 침체 부진이 극도에 달하여 거의 회복할 가망이 없는 것은 무슨 까닭이뇨. … 그 원인을 탐구하여 말류를 추측하니 유교계에 3대 문제가 있는지라.…

– 박은식 –

■ 조선불교유신론

승려 교육에 있어서 급선무가 셋이다. … 인도에 가 부처님과 조사들의 참다운 발자취를 찾게 하며, 경론으로 우리나라에 널리 전해지지 않은 것을 구하여 중요한 것을 번역해 세계에 펴게 할 필요가 있다.

– 한용운 –

6. 언론

(1) 종류

신문	발간 연도	내용
한성순보	1883~1884	최초의 신문, 관보, 박문국에서 발행, 순한문, 국내외의 시사와 신문물 소개
한성주보	1886~1888	국한문 혼용
독립신문	1896~1899	서재필이 중심이 되어 발행, 최초의 민간 신문, 한글판과 영문판 발행
제국신문	1898~1910	이종일 발행, 순한글, 서민층과 부녀자 대상
황성신문	1898~1910	남궁억 발행, 국한문 혼용, 유생층 계몽, 장지연의 '시일야방성대곡' 게재
대한매일신보[6]	1904~1910	양기탁과 영국인 베델 발행, 순한글에서 국한문으로 전환, 영문판 발행, 국채 보상 운동 지원
만세보	1904~1907	천도교의 기관지, 국한문 혼용, 여성 교육에 주목

(2) **일제의 탄압** : 신문지법(1907)으로 탄압

대한매일신보

3 독도와 간도

1. 독도

(1) **독도 영유권** : 신라 지증왕 때 우산국을 복속한 이래로 우리 영토 → 일본 최고 통치 기관인 태정관은 울릉도와 독도가 일본 영토가 아님을 명시, 대한제국은 칙령41호를 반포하여 독도가 우리 영토임을 공고히 함

■ 대한제국 칙령 제41호(1900)

제1조 울릉도를 울도로 개칭하여 강원도에 부속하고 도감을 군수로 개정하여 관제 중에 편입하고 군등은 5등으로 할 것

제2조 군정 위치는 태하동으로 정하고 구역은 울릉 전도와 죽도 · 석도를 관할할 것

– 고종 실록 –

6 대한매일신보 : 영국인 베델과 양기탁을 중심으로 1904년에 창간되었다. 대한매일신보는 발행인이 영국인이었기 때문에 통감부의 검열을 받지 않고 자유롭게 항일 논설을 실을 수 있었다. 1907년 국채 보상 운동의 중심적 역할을 하기도 하였으나 1910년 이후에는 총독부의 기관지로 전락하였다.

(2) **일제의 강탈** : 러 · 일 전쟁 중 시마네현 고시를 통해 불법적으로 자국 영토로 편입 (1905)

2. 간도

(1) **간도 귀속 문제**(19세기 말) : 숙종 때 건립(1712)된 백두산 정계비의 해석 문제(토문강의 위치 논란)로 조선과 청 사이에 간도 분쟁이 발생

(2) **대한제국의 정책** : 이범윤을 간도 관리사로 파견, 간도를 행정구역으로 편입

(3) **간도 협약**(1909) : 을사늑약 이후 일제가 남만주의 철도 부설권을 얻는 대가로 간도를 청의 영토로 인정

■ 간도 협약

1. 한 · 청 양국의 국경은 두만강으로써 경계를 이루되, 일본 정부는 간도를 청나라의 영토로 인정하는 동시에 청나라는 두만강 이북의 간지를 한국의 잡거 구역으로 인정한다.

4. 장래 지린 · 창춘 철도를 옌지 남쪽까지 연장하여 한국의 회령 철도와 연결한다.

– 순종실록 –

Step 3 표를 통해 단원 복습하기

1. 열강의 이권 침탈과 대응

◇ 열강의 침탈

개항 초기 일본 상인 활동	거류지 무역
임오군란 ~ 청 · 일 전쟁	조 · 청 상민 수륙 무역 장정, 청 상인의 내륙 진출
청 · 일 전쟁 ~ 러 · 일 전쟁	열강 이권 침탈 심화(철도 부설권, 광산 채굴권 등)
러 · 일 전쟁 이후	화폐 정리 사업(1905, 메가타)

◇ 경제적 구국 운동

방곡령	지방관의 곡물 유출 금지령 → 실패
조선 상인	시전 상인(황국 중앙 총상회), 경강 상인(증기선), 객주 · 여각 · 보부상(상회사)
금융 기관	조선은행, 한성은행 등
독립 협회	이권 수호 운동
황무지 개간권 반대	보안회
국채 보상 운동	대구에서 서상돈이 시작, 국채 보상 기성회 조직, 대한매일신보 등 참여

2. 근대적 제도와 문물의 도입

◇ 교육

원산학사(1883)	최초의 근대적 사립 학교, 함경도 덕원 주민	
동문학(1883)	정부 설립, 외국어 교육	
육영공원(1886)	관립, 근대 학문 교육	
연무공원(1888)	근대식 사관 양성	
갑오 개혁(1894)	교육 입국 조서 반포	
대한제국(1897)	한성중학교, 실업 기술 교육 기관	
사립 학교	선교사	배제학당(1885), 이화학당(1886) 등
	민족 사학	오산학교(1907), 대성학교(1907) 등

◇ 국학 연구

국사	신채호 "독사신론", 박은식 "연개소문전"
국어	국문 연구소 설립, 주시경 "국어문법"

◇ 근대 시설의 도입

통신	전신(서울-인천, 1885), 전화(경운궁, 1898), 우편(우정총국, 1884)
교통	철도(경인선, 1899), 전차(1899)
전기	전등(경복궁, 1887)
의료	광혜원(1885 → 제중원), 세브란스 병원(1904), 지석영(종두법)
건축	독립문, 덕수궁 석조전, 명동 성당

◇ 문학과 예술

문학	신소설(이인직, 혈의 누), 신체시(최남선)
예술	음악(창가 유행), 연극(최초의 서양식 극장, 원각사)

◇ 종교계

유교	박은식(유교구신론)
불교	한용운(조선불교유신론)
천주교	1886년 이후 포교 자유 획득
개신교	선교사 교육 · 의료 사업
천도교	손병희 동학 개편, 만세보
대종교	나철 · 오기호, 단군신앙 발전, 무장 독립 투쟁

◇ 언론

한성순보	최초의 신문, 관보
독립신문	서재필, 최초의 민간 신문, 한글판 · 영문판
제국신문	서민층과 부녀자 대상
황성신문	장지연 '시일야방성대곡'
대한매일신보	양기탁과 영국인 베델, 국채 보상 운동 지원
만세보	천도교의 기관지

3. 독도와 간도

독도	신라 시대 이래 우리 영토, 대한제국의 칙령 반포 → 러 · 일 전쟁 중 일제가 불법 편입
간도	백두산 정계비 해석 문제로 분쟁 → 간도 협약으로 상실

Step 4 암기송을 들으며 가사 완성하기

Track 22

1 열강의 경제적 침탈과 대응

청일 전쟁과 ❶ ______ 계기로 열강의 이권 다툼 치열해지고

일본은 한국의 금융을 지배해.

메가타 주도로 ❷ ______ 실시돼.

조선의 시전 상인들은 ❸ ______ 를 조직 상권 수호 운동을 전개해.

일본으로 곡물이 유출되자 함경도와 황해도에서 ❹ ______ 을 선포했고

❺ ______ 이 대구에서 서상돈 중심으로 확산됐어.

청과 일본 상인의 경제 침탈과 제국주의 열강의 이권 침탈 속에 나라를 살리려 노력했어.

근대적 교육 제도와 근대 시설이 도입되면서 생활의 변화도 일어나.

독도와 간도의 아픈 역사는 잊지 말아줘.

2 근대적 제도와 문물의 도입

1880년대 덕원 주민들은 최초의 근대적 교육 기관인 ❶________ 세워.

정부도 ❷________ 세웠지.

갑오 개혁기 소학교와 사범학교,

대한 제국기 한성 중학교,

애국 계몽기 선교사들이 ❸________ 설립했고

❹______ 연개소문전, ❺______ 독사신론 저술.

알렌은 최초의 근대 병원 ❻______을 운영.

전차와 철도 개설.

독립문과 명동 성당, ❼____________이 건설,

신소설, 이인직의 ❽______

최초의 서양식 극장 ❾______가 설립됐어.

박은식은 유교구신론, ❿______은 불교유신론

손병희의 ⓫______는 만세보를 간행,

나철과 오기호는 ⓬______를 창시하네.

③ 독도와 간도

독도는 신라 ❶______ 때 우산국을 복속한 이래 우리 영토.

일본도 ❷______를 통해 인정 대한제국 ❸______ 반포

그렇게 독도가 우리의 영토임을 알렸지만 1905년

러 · 일 전쟁 중 일본은 시마네현으로 편입시켰어. (독도는 우리 땅)

간도는 백두산 정계비 해석 문제로 19세기 말

청과 영유권 갈등 발생, 함경도로 편입시켰지만

1909년 일제는 남만주 철도 부설권을 얻는 대가로

❹______ 맺어 청의 영토로 인정했어.

청과 일본 상인의 경제 침탈과 제국주의 열강의 이권 침탈 속에 나라를 살리려 노력했어.
근대적 교육 제도와 근대 시설이 도입되면서 생활의 변화도 일어나.
독도와 간도의 아픈 역사는 잊지 말아줘.

암/기/송/문/제/**정/답**

1. ① 아관파천 ② 화폐 정리 사업 ③ 황국 중앙 총상회 ④ 방곡령 ⑤ 국채 보상 운동
2. ① 원산학사 ② 육영공원 ③ 이화학당 ④ 박은식 ⑤ 신채호 ⑥ 광혜원 ⑦ 덕수궁 석조전 ⑧ 혈의 누 ⑨ 원각사 ⑩ 한용운 ⑪ 천도교 ⑫ 대종교
3. ① 지증왕 ② 태정관 문서 ③ 칙령 41호 ④ 간도 협약

Step 5 핵심 문제를 통해 단원 마무리 짓기

실 / 전 / 문 / 제

1. OX 퀴즈

1 개항 초기 일본 상인들은 개항장에서 10리 이내의 거류지 무역을 하였다. ( )
2 미국은 강원도 당현 금광 채굴권을 침탈하였다. ( )
3 국채 보상 운동의 결과 전 국민의 참여로 차관을 모두 갚을 수 있었다. ( )
4 원산학사는 최초의 근대적 사립 학교이다. ( )
5 대한제국 시기 교육 입국 조서가 반포되었고 학무아문이 설치되었다. ( )
6 전화는 경복궁에 처음 가설되었다. ( )
7 천주교는 1886년 프랑스와 수교 이후 선교의 자유를 획득하였다. ( )
8 손병희는 동학을 대종교로 개편하고 무장 독립 투쟁을 전개하였다. ( )
9 독도는 신라 지증왕 때 우산국을 복속한 이래로 우리 영토이다. ( )
10 일제는 독도를 러 · 일 전쟁 중 불법적으로 자국의 영토에 편입하였다. ( )

2. 빈칸 채우기

1 ( )의 체결로 청 상인이 내륙으로 진출하였다.
2 재정 고문 메가타의 건의로 ( )이 실시되었다.
3 국채 보상 운동은 대구의 ( )을 중심으로 전개되었다.
4 1883년 정부가 설립한 ( )은 주로 영어와 일본어 등 외국어를 교육하였다.
5 ( )는 독사신론을 저술하여 국사 연구를 진행하였다.
6 국어 연구를 위해 1907년 ( )가 설립되었다.
7 지석영은 ( )을 실시하였다.
8 ( )은 '유교구신론'을 발표하고 유교의 개혁을 주장하였다.
9 ( )는 최초의 신문으로 박문국에서 발행하였다.
10 간도는 숙종 때 건립된 ( )의 해석 문제로 분쟁이 발생하였다.

3. 초성 퀴즈

1 지방관이 곡물 유출 금지를 위해 내렸던 명령은? ······ ㅂㄱㄹ (　　　)

2 시전 상인들이 상권 수호 운동을 전개하기 위해 조직한 것은? ······ ㅎㄱㅈㅇㅊㅅㅎ (　　　)

3 영국인 베델이 발행인으로 국채 보상 운동에 적극 참여했던 신문은? ······ ㄷㅎㅁㅇㅅㅂ (　　　)

4 헐버트 등 외국인 교사를 초빙하여 근대 학문 교육을 했던 관립 학교는? ······ ㅇㅇㄱㅇ (　　　)

5 정부의 지원을 받아 알렌이 세운 최초의 근대식 병원은? ······ ㄱㅎㅇ (　　　)

6 르네상스식 건축 양식으로 지어진 건축물은? ······ ㄷㅅㄱ ㅅㅈㅈ (　　　)

7 최초의 서양식 극장은? ······ ㅇㄱㅅ (　　　)

8 한용운이 저술한 것으로 불교의 자주성 회복을 주장한 것은? ······ ㅈㅅㅂㄱㅇㅅㄹ (　　　)

9 천도교의 기관지로 여성 교육에 주목했던 신문은? ······ ㅁㅅㅂ (　　　)

10 일제가 남만주의 철도 부설권을 얻는 대가로 간도를 청의 영토로 인정한 내용이 담긴 것은? ······ ㄱㄷㅎㅇ (　　　)

실전 문제 정답

1 OX 퀴즈

1. O　2. X　3. X　4. O　5. X　6. X　7. O　8. X　9. O　10. O

2 빈칸 채우기

1. 조 · 청 상민 수륙 무역 장정　2. 화폐 정리 사업　3. 서상돈　4. 동문학　5. 신채호　6. 국문 연구소　7. 종두법　8. 박은식　9. 한성순보　10. 백두산 정계비

3 초성 퀴즈

1. 방곡령　2. 황국 중앙 총상회　3. 대한매일신보　4. 육영공원　5. 광혜원　6. 덕수궁 석조전　7. 원각사　8. 조선불교유신론　9. 만세보　10. 간도 협약

5 일제의 강점과 민족 운동의 전개

5-1 일제의 식민지 지배 정책

Step 1 암기송을 통해 흐름 파악하기

Track 23

♪1 1910년대의 무단 통치

1910년대 일제는 조선 총독부 설치, 무단 통치를 시작했어.
일제 강점기 최고 통치 기관이다.

헌병 경찰 제도 실시, 조선 태형령 적용, 관리와 교원에게 칼을 차게 했지.
헌병 경찰은 즉결 처분권을 가지고 정식 법 절차 없이
벌금, 구류 및 태형 등을 실시하였다.

언론 · 출판 · 결사의 자유를 억압했어.

토지 조사 사업 실시. 신고제를 원칙, 토지를 수탈 동양 척식 주식회사에.

회사령을 공포 한국인 기업 설립 통제, 어업령, 삼림령, 전매제 통해
조선에서 회사를 세우려면 총독의 허가를 받아야 한다는 것이다. 소금 · 인삼 · 담배를 전매하였다.

우리의 경제를 수탈했어.

일제의 식민 통치 방식은 1910년대 무단 통치. 1920년대 문화 통치.

일제의 식민 통치 방식은 1930년대 이후 민족 말살 통치.

2 1920년대의 민족 분열 통치

1920년대 일제는 문화 통치라 불리는 민족 분열 통치를 시작해.

소수의 친일 분자를 키워
민족을 이간, 분열시키는 정책이었다.

보통 경찰제로 전환시켜.

경찰관서와 경찰관이 3배로 증가하였다.

언론 · 출판 · 결사의 자유도 부분적으로 허용해.

산미 증식 계획을 실시해. 회사령도 폐지해.

3 1930년대 이후의 민족 말살 정책

1930년대 이후 민족 말살 통치를 시작했어.

황국 신민화 정책을 실시. 내선 일체와 일선 동조론을 선전하고,

황국신민서사 암송. 신사 참배, 궁성 요배, 창씨 개명 하게 했지.

일본식으로 성명을 강요한 것은
일제가 조선인을 강제로 동원할 때
조선인이라는 생각을 없애기 위함이었다.

농촌 진흥 운동과 병참 기지화 정책, 남면 북양 정책을 실시하지.

전쟁 수행을 위한 군수 물자를 생산하는 기지로 삼기 위한 정책이었다.

국가 총동원법 제정. 징용과 징병, 여자 정신 근로령을 제정.

일본군 위안부 같은 끔찍한 짓도 저질러.

공출을 통해 물적 자원도 수탈해 갔어.

일제의 식민 통치 방식은 1910년대 무단 통치. 1920년대 문화 통치.
일제의 식민 통치 방식은 1930년대 이후 민족 말살 통치.

일제 강점기 우리 민족의 삶…….

Step 2 개념 잡고 한국사 달인 되기

1 1910년대의 무단 통치

1. 조선 총독부 설치

조선 총독부

(1) **조선 총독** : 일본 국왕이 현역 육 · 해군 대장 중 직접 임명, 입법 · 행정 · 사법권 · 군 통수권 행사

(2) **중추원** : 조선 총독부의 형식적인 자문 기관

2. 무단 통치(헌병 경찰 통치)

태형 도구

(1) **헌병 경찰 제도** : 헌병 경찰이 치안 문제뿐만 아니라 행정, 사법 업무까지 관여, 즉결 처분권 행사, 조선 태형령[1](1912)

(2) **위협적 분위기 조성** : 관리와 교사에게 제복을 입게 하고 칼을 차게 함, 언론 · 출판 · 집회 · 결사의 자유 박탈

(3) **식민지 교육**

① 우민화 교육 : 보통 교육과 실업 교육 위주, 고등 교육 기회 억제(제1차 조선 교육령)

② 사립 학교 탄압으로 민족 교육 기관 억압

■ 무단 통치

일본 제국의 군대를 각 도 요처에 주둔시켜 시국의 변화에 대비하며, 헌병 경찰을 전국 각지에 배치하여 치안에 종사하게 한다.

– 조선 총독 직무 대행 데라우치 발언 –

3. 경제 수탈

(1) **토지 조사 사업**(1910~1918)

① 목적 : 근대적 토지 소유권 확립(명분), 식민 통치에 필요한 재정적 기초 마련(실제)

② 내용 : 복잡한 서류를 구비한 기한부 신고제

③ 결과

• 미신고 토지 · 토지 소유주가 불분명한 토지 · 역둔토 · 궁방전 등을 총독부 소유로

1 조선 태형령 : 일제의 식민지 통치에 불만을 나타내거나 세금을 체납하는 한국인들을 대상으로 적용하였다.

편입
- 동양 척식 주식회사와 일본인 등에게 헐값으로 불하
- 지주제 강화(농민의 관습상의 경작권 · 도지권[2] 부정)
- 많은 농민이 기한부 소작농으로 전락하거나 만주 · 연해주 등지로 이주

(2) **회사령**(1910) : 회사 설립의 총독 허가제(일본 자본의 진출 유도 및 조선의 산업 장악)

(3) **삼림령** : 임야 조사 사업(1918), 전 삼림의 50% 이상이 조선 총독부와 일본인에게 침탈

(4) **어업령**(1911) · **광업령**(1915) : 허가제 실시

(5) **전매 제도 실시** : 담배, 인삼, 소금

(6) **철도 · 도로 · 항만의 정비** : 식량과 자원의 유출, 일본 상품의 판매 목적

토지 조사 사업 실시

■ 토지 조사령

제4조 토지 소유자는 조선 총독이 정하는 기간 내에 주소, 씨명, 명칭 및 소유지의 소재, 지목, 자번호, 사표, 등급, 지적, 결수를 임시 토지 조사 국장에게 신고해야 한다. 단, 국유지는 보관 관청이 임시 토지 조사 국장에게 통지해야 한다.

■ 회사령

제1조 회사 설립은 조선 총독의 허가를 받아야 한다.

제2조 조선 밖에서 설립된 회사가 조선에 본점이나 지점을 둘 때에도 조선 총독의 허가를 받아야 한다.

제5조 회사가 본령 혹은 본령에 기초해 발표된 명령 및 허가의 조건을 위반하거나 … 조선 총독은사업의 정지, 금지, 지점의 폐쇄 또는 회사의 해산을 명령할 수 있다.

2 도지권 : 소작지에 대한 소작인의 권리이다. 영구적으로 경작을 할 수 있는 권리를 포함하는 것으로 매매도 가능하였다.

2 1920년대의 민족 분열 통치

1. 문화 통치(민족 분열 통치)

(1) **배경** : 3·1 운동 이후 무단 통치의 한계 인식, 민족의 저항 진정 및 회유

(2) **목적** : 친일파 육성을 통한 민족 분열

(3) **내용**

① 문관도 조선 총독에 임명 가능 → 실제로는 실행된 적 없음

② 보통 경찰제로 전환 → 오히려 경찰관서와 경찰관의 수가 크게 증가, 치안 유지법[3] 제정(1925)

③ 언론·집회·결사의 자유 허용 → 사전 검열로 정간·폐간·삭제·수정 가능

④ 교육 기회 확대 표방 → 한국인의 보통학교 취학률은 일본인의 6분의 1수준에 불과

⑤ 참정권 부여 → 일본인·친일 인사만 참여

■ 문화 통치

정부는 관제를 개혁하여 총독 임용의 범위를 확장하고 경찰 제도를 정하며, 또한 일반 관리나 교원 등의 복제를 폐지함으로써 시대의 흐름에 순응하고…… .

– 조선 총독 사이토 훈시

2. 경제 수탈

(1) **산미 증식 계획**(1920~1934)

① 목적 : 제 1차 세계대전 후 일본의 공업화로 쌀 부족, 쌀값 폭등 → 한국에서 쌀을 들여와 해결

② 내용 : 개간·간척·수리 시설 개선·품종 개량 등을 통해 증산 추진

③ 결과 : 증산량을 초과한 수탈로 한국 내 식량 부족, 만주에서 잡곡 수입 증가, 농민 몰락(소작 쟁의 격화)

(2) **회사령 폐지** : 일본 기업의 활발한 진출로 신고제로 전환

(3) **관세 철폐**(1923) : 일본 상품 수출 확대

(4) **신 은행령**(1927) : 한국인 소유 은행을 강제로 합병

3 치안 유지법 : 1925년 국가 체제나 사유 재산 제도의 부인을 목적으로 하는 사상을 탄압하기 위해 제정되었다.

미곡 생산량과 일제의 수탈량 (단위 : 천 석) (조선 총독부, 1937)

연도	생산량	지수	수탈량	지수
1912~1916(평균)	12,303	100	1,056	100
1917~1921	14,101	115	2,196	208
1922~1926	14,501	118	4,342	411
1927~1931	15,798	128	6,607	626
1932~1936	17,002	138	8,757	829
1937	19,410	159	7,161	678

3 1930년대 이후의 민족 말살 정책

1. 민족 말살 통치

내선 일체를 홍보하는 포스터

(1) **배경** : 만주 사변[4](1931), 중 · 일 전쟁(1937), 태평양 전쟁(1941)

(2) **황국 신민화 정책** : 내선 일체[5]와 일선 동조론[6] 주장, 황국 신민 서사 암송, 궁성 요배[7] 강요, 일본식 성명 강요(창씨 개명), 신사 참배

(3) **문화 통제**

① 신문 폐간(1940, 동아일보와 조선일보 폐간), 잡지 폐간

② 진단 학회 · 조선어 학회 해체(1942, 우리말 큰 사전 편찬 저지, 치안 유지법 적용)

③ 우리말 교육 금지(1938, 제3차 조선 교육령), 소학교를 국민학교로 개칭(1941)

④ 사상범 예방 구금령(1941) : 민족 해방 운동가에 대한 감시와 탄압

황국신민서사를 암송하는 학생들

조선 신궁에 절을 하는 한국인 학생들

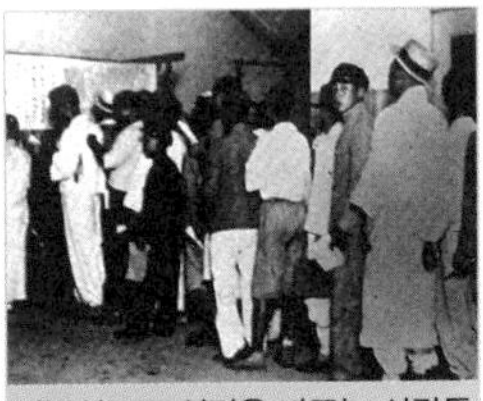
일본식으로 성명을 바꾸는 사람들

4 만주 사변 : 1931년 만주 유조구 근방에 있는 만철선 철도를 스스로 폭파하고 중국군이 폭파한 것처럼 꾸민 뒤 만주 사변을 일으켜 만주를 완전 점령하였다.

5 내선 일체(內鮮一體) : 일본[內]과 한국[鮮]은 한 몸이라는 것으로 대륙 침략에 한국을 이용하기 위한 민족 말살 정책이었다.

6 일선 동조론(日鮮同祖論) : 일본과 한국의 조상이 같다는 것으로 일본에 한국을 흡수하려는 민족 말살 정책이었다.

7 궁성 요배 : 일본 천황이 사는 곳을 향해 절을 하는 것이다.

■ 제3차 조선 교육령 (1938)

제13조 심상 소학교의 교과목은 수신, 국어(일본어), 산술, 국사, 지리…이다. 조선어는 선택 과목으로 한다.

제16조 국체의 본의를 명확히 밝혀 아동에게 황국 신민으로서의 자각을 환기한다. 국어 교육을 철 저히 함으로써 황국 신민으로서의 성격을 함양한다.

2. 주민 통제

(1) **농촌 진흥 운동**(1932~1940)

① 배경 : 대공황과 일제의 만주 침략, 한국 농촌 경제의 파탄과 소작 쟁의 등 농민 운동

② 내용 : 자작 농지 설정 사업(1932) · 조선 농지령[8](1934), '자력 갱생'을 내세웠지만 내면적으로는 농민 생활을 통제

(2) **국민 정신 총동원 운동**(1938) : 중 · 일 전쟁 이후 생산력 확충을 위한 증산이 최고의 목표로 등장하면서 더욱 강력하게 농민에 대한 통제 실시

3. 경제 수탈

(1) **남면 북양 정책**

① 배경 : 대공황 이후 선진 자본주의 국가들이 보호 무역주의를 취함 → 원료 공급 부족우려, 일본 방직 자본가를 보호하기 위해 실시

② 내용 : 남부 지방에는 면화, 북부 지방에는 양을 기르도록 강요한 정책

(2) **병참 기지화 정책** : 대륙 침략이 본격화되면서 광업 · 중화학 공업 육성

4. 전시 동원 체제

(1) **국가 총동원법**(1938) : 인력과 물자 등 광범위한 통제권

(2) **인적 수탈**

① 국민 징용령(1938) : 많은 노동자들이 군사 시설 공사와 토목 공사에 강제 동원

② 여자 정신대 근로령(1944) : 군수 공장 노동자, 일본군 위안부로 강제 동원

③ 군대 동원 : 지원병 제도(1938), 학도 지원병 제도(1943), 징병 제도(1944) 실시

(3) **물적 수탈** : 미곡 공출과 배급제 실시(1939), 산미 증식 계획 재개(1940), 전쟁 물자 공출, 지하자원 약탈, 국방 헌금 강요

8 자작 농지 설정 사업과 조선 농지령 : 일부 농가에게 자작 농지를 구입하게 하고 소작 조건을 부분적으로 개선함으로써 농민을 회유하고 농촌 지배에 대한 통제를 강화하려 하였다.

■ 국가 총동원법

제1조 국가 총동원이란 전시에 국방 목적을 달성하기 위하여 국가의 전력을 가장 유효하게 발휘하도록 인적 및 물적 자원을 운영하는 것이다.

제4조 정부는 전시에 국가 총동원상 필요한 때에는 칙령이 정하는 바에 따라 제국 신민을 징용하여 총동원 업무에 종사하게 할 수 있다.

징병령에 의해 끌려가는 청년

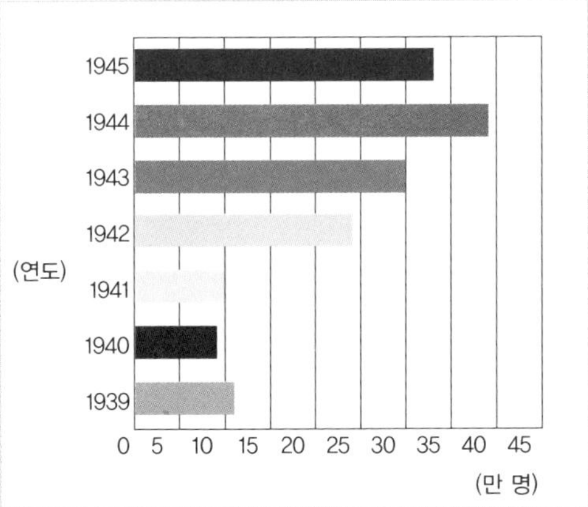

일제의 인적 수탈

Step 3 표를 통해 단원 복습하기

1. 1910년대의 무단 통치

무단 통치	조선 총독부 설치	현역 육해군 대장 출신의 조선 총독 임명
	헌병 경찰 통치	즉결 처분권, 조선 태형령
	우민화 교육	
경제 수탈	토지 조사 사업	복잡한 기한부 신고제로 총독부 소유 토지 증가 → 지주제 강화, 기한부 소작농으로 전락
	회사령	허가제로 조선 산업 장악
	삼림령 · 어업령 · 광업령, 전매제 실시	

2. 1920년대의 민족 분열 통치

문화 통치	3 · 1 운동 이후 친일파 육성을 통한 민족 분열 통치	
	보통 경찰제로 전환(경찰 수 증가), 치안 유지법 제정(1925)	
경제 수탈	산미 증식 계획	증산량을 초과한 수탈 → 한국 내 식량 부족, 농민 몰락
	회사령 폐지 → 일본 기업 진출	
	관세 철폐(1923), 신 은행령(1927)	

3. 1930년대 이후의 민족 말살 정책

민족 말살 통치	황국 신민화 정책	내선 일체, 일선 동조론, 황국 신민 서사 암송, 궁성 요배, 창씨 개명, 신사 참배
	문화 통제	동아일보 · 조선일보 폐간(1940), 우리말 교육 금지
주민 통제	농촌 진흥 운동(1932~1940), 국민 정신 총동원 운동(1938)	
경제 수탈	남면 북양 정책, 병참 기지화 정책	
전시 동원 체제	국가 총동원법(1938)	
	인적 수탈	국민 징용령, 여자 정신대 근로령(일본군 위안부), 징병 제도
	물적 수탈	미곡 공출, 전쟁 물자 공출

Step 4 암기송을 들으며 가사 완성하기

Track 23

1 1910년대의 무단 통치

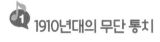

1910년대 일제는 조선 총독부 설치, ❶ __________ 를 시작했어.

❷ __________ 실시, 조선 태형령 적용, 관리와 교원에게 칼을 차게 했지.

언론 · 출판 · 결사의 자유를 억압했어.

❸ __________ 실시. 신고제를 원칙, 토지를 수탈 ❹ __________ 에.

❺ ______ 을 공포 한국인 기업 설립 통제, 어업령, 삼림령, 전매제 통해

우리의 경제를 수탈했어.

일제의 식민 통치 방식은 1910년대 무단 통치, 1920년대 문화 통치.

일제의 식민 통치 방식은 1930년대 이후 민족 말살 통치.

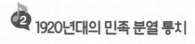

2 1920년대의 민족 분열 통치

1920년대 일제는 ❶________라 불리는 민족 분열 통치를 시작해.

❷____________로 전환시켜.

언론 · 출판 · 결사의 자유도 부분적으로 허용해.

❸____________을 실시해. ❹______도 폐지해.

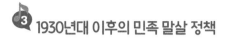

③ 1930년대 이후의 민족 말살 정책

1930년대 이후 ❶ ____________ 를 시작했어.

❷ ______________ 을 실시. ❸ _________ 와 일선 동조론을 선전하고,

황국신민서사 암송. ❹ _________, 궁성 요배, 창씨 개명 하게 했지.

농촌 진흥 운동과 ❺ ______________, 남면 북양 정책을 실시하지.

❻ ____________ 제정. 징용과 징병, 여자 정신 근로령을 제정.

❼ ____________ 같은 끔찍한 짓도 저질러.

공출을 통해 물적 자원도 수탈해 갔어.

일제의 식민 통치 방식은 1910년대 무단 통치, 1920년대 문화 통치.

일제의 식민 통치 방식은 1930년대 이후 민족 말살 통치.

일제 강점기 우리 민족의 삶…….

암/기/송/문/제/**정**/**답**

1. ① 무단 통치 ② 헌병 경찰 제도 ③ 토지 조사 사업 ④ 동양 척식 주식회사 ⑤ 회사령
2. ① 문화 통치 ② 보통 경찰제 ③ 산미 증식 계획 ④ 회사령
3. ① 민족 말살 통치 ② 황국 신민화 정책 ③ 내선 일체 ④ 신사 참배 ⑤ 병참 기지화 정책 ⑥ 국가 총동원법 ⑦ 일본군 위안보

Step 5 핵심 문제를 통해 단원 마무리 짓기

실 / 전 / 문 / 제

1. OX 퀴즈

1 조선 총독은 일본 국왕이 겸임하였다. ( )

2 1910년대 일제는 교사에게도 제복을 입히고 칼을 차게 해 위협적인 분위기를 조성하였다. ( )

3 일제의 토지 조사 사업으로 우리나라 농민은 경작권을 인정받았다. ( )

4 일제는 식량과 자원을 일본으로 용이하게 유출하고 일본 상품 판매를 위해 철도 · 도로 등을 정비하였다. ( )

5 문화 통치로 인해 문관 출신 조선 총독이 임명되었다. ( )

6 문화 통치로 교육 기회 확대를 표방했지만 한국인의 보통학교 취학률은 일본인의 6분의 1 수준에 불과하였다. ( )

7 일제의 산미 증식 계획으로 증산량이 수탈량보다 더 많을 수 있었다. ( )

8 일제는 1920년대 문화 통치를 실시하면서 궁성 요배를 강요하였다. ( )

9 일제는 1941년 소학교를 국민학교로 개칭했다. ( )

10 일제 강점기 말 일제는 여자 정신대 근로령을 통해 일본군 위안부를 강제로 동원하였다. ( )

2. 빈칸 채우기

1 (　　　　)은 조선 총독부의 형식적인 자문 기관이었다.

2 토지 조사 사업은 복잡한 서류를 구비한 기한부 (　　　　)로 진행되었다.

3 회사령은 회사 설립을 (　　　　)로 하여 조선의 산업을 장악하기 위함이었다.

4 일제는 (　　　　)이후 무단 통치의 한계를 인식하고 통치 방식을 바꾸었다.

5 문화 통치의 실상은 친일파 육성을 통한 (　　　　) 통치였다.

6 제1차 세계대전 후 일본의 공업화로 쌀이 부족하자 (　　　　)을 실시하였다.

7 일제는 1923년 (　　　　)를 철폐하여 일본 상품의 수출을 확대하였다.

8 일제는 일본과 한국의 조상이 같다는 (　　　　)을 주장하며 민족 말살 정책을 폈다.

9 일제는 인력과 물자 등 광범위한 통제를 위해 1938년 (　　　　)을 제정하였다.

10 일제는 1941년 진단 학회와 우리말을 연구하던 (   )를 해체하였다.

3. 초성 퀴즈

1 1910년대 헌병 경찰이 행사하는 것으로 한국인에게만 차별적으로 적용하였던 것은?
ㅈㅅㅌㅎㄹ (   )

2 토지 조사 사업의 결과 많은 토지를 소유한 총독부가 헐값에 토지를 불하한 회사는?
ㄷㅇㅊㅅㅈㅅㅎㅅ (   )

3 일제가 담배, 인삼, 소금 판매에 대해 실시한 제도는? ㅈㅁㅈㄷ (   )

4 1925년 일제가 제정한 것으로 국가 체제나 사유 재산 제도의 부인을 목적으로 하는 사상을 탄압하게 위한 것은? ㅊㅇㅇㅈㅂ (   )

5 일본이 한국과 한 몸이라 주장했던 사상은? ㄴㅅㅇㅊ (   )

6 대공황 이후 일본 방직 자본가를 보호하기 위해 남부 지방에는 면화를 북부 지방에는 양을 기르도록 한 정책은? ㄴㅁㅂㅇ ㅈㅊ (   )

7 일제가 대륙 침략이 본격화되면서 우리나라에 광업 · 중화학 공업을 육성했던 정책은?
ㅂㅊㄱㅈㅎ ㅈㅊ (   )

8 1940년 일제가 문화 통제를 위해 폐간된 신문 2개는? ㄷㅇㅇㅂ, ㅈㅅㅇㅂ (   )

9 1941년 민족 해방 운동가에 대한 감시와 탄압을 위해 실시한 것은?
ㅅㅅㅂ ㅇㅂ ㄱㄱㄹ (   )

10 일본이 1931년 만주를 완전히 점령한 사건은? ㅁㅈㅅㅂ (   )

실전 문제 정답

1 OX 퀴즈
1.X 2.O 3.X 4.O 5.X 6.O 7.X 8.X 9.O 10.O

2 빈칸 채우기
1.중추원 2.신고제 3.허가제 4.3 · 1 운동 5.민족 분열 6.산미 증식 계획 7.관세
8.일선 동조론 9.국가 총동원법 10.조선어 학회

3 초성 퀴즈
1.조선 태형령 2.동양 척식 주식회사 3.전매 제도 4.치안 유지법 5.내선 일체 6.남면 북양 정책
7.병참 기지화 정책 8.동아일보, 조선일보 9.사상범 예방 구금령 10.만주 사변

5-2 3 · 1 운동의 전개와 대한민국 임시 정부

Step 1 암기송을 통해 흐름 파악하기

Track 24

3·1 운동 이전의 민족 운동

일제의 강압적인 무단 통치 아래 억압된 우리 민중은 3 · 1 운동을 일으켰어.
3 · 1 운동의 결과로 일제의 통치 방식 바뀌게 되었고 대한민국 임시 정부 수립됐어.

1910년대 국내의 비밀 결사 조직은 독립 의군부와 대한 광복회가 있어.

독립 의군부는 임병찬이 고종의 밀명을 받아 결성했고 복벽주의 표방했어.
임병찬은 위정척사 운동을 주도한 최익현의 제자였다.
고종의 밀지를 받고 전국의 의병장과 유생들을 모아 독립 의군부를 조직하였다.

대한 광복회는 공화 정체의 국민 국가 수립 목표로 해. 독립군 양성하려 했어.

국외에서는 신민회 회원들이 **삼원보**에 신흥 강습소를 세웠고
신흥강습소는 후에 신흥학교, 신흥무관학교로 발전하였다.

연해주에 신한촌이 건설됐어.

일제의 강압적인 무단 통치 아래 억압된 우리 민중은 3 · 1 운동을 일으켰어.
3 · 1 운동의 결과로 일제의 통치 방식 바뀌게 되었고 대한민국 임시 정부 수립됐어.

2 3·1 운동

국제적으로 민족 자결주의 제시되고,

신한 청년당의 김규식이 파리 강화 회의에 파견돼.

신한 청년당은 파리 강화회의에 독립 청원서를 작성하여
김규식을 대표로 파리에 파견하였다.

일본에서 2 · 8 독립 선언을 발표함에 따라 1919년 **3 · 1 운동** 발생.

3 · 1 독립 선언서보다 강경하게 일제의 침략을 고발하였다.

민족 대표 33인 태화관에서 독립 선언 낭독.

만세 소리는 전국으로 해외로 확산돼. (대한 독립 만세!)

하지만 일제는 무력으로 진압!

유관순의 순국. 화성 제암리 학살 사건.

유관순은 이화 학당의 학생으로 고향인 천안으로 내려가
시위를 벌이다가 체포되었다.

3 · 1 운동은 중국의 5 · 4 운동 인도의 민족 운동에 영향 줬어.

일제의 강압적인 무단 통치 아래 억압된 우리 민중은 3 · 1 운동을 일으켰어.

3 · 1 운동의 결과로 일제의 통치 방식 바뀌게 되었고 대한민국 임시 정부 수립됐어.

랩으로 통암기하는 한국사 hey~

너희들도 할 수 있어 한국사 hey~

3 대한민국 임시 정부의 수립

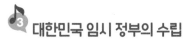

3·1 운동을 계기로 대한 국민 의회, 한성 정부, 상하이에 **대한민국 임시 정부**로 통합돼.

임시정부는 한성정부의 제도를 계승하는 형태였다.

이승만을 대통령으로 삼권 분립 입각한 공화제 정부였지.

연통제와 교통국을 운영, 독립 공채를 발행하여 의연금을 모금했어.

구미 위원부를 설치, 독립신문 발간, 한·일 관계 사료집을 간행했지.

임시정부의 기관지인 독립신문은
국내외의 동포들에게 독립 운동 소식을 알리고 항일 투쟁에 앞장섰다.

랩으로 통 암기하는 한국사 hey~

너희들도 할 수 있어 한국사 hey~

하지만 임시 정부 내에서 갈등 발생.

이를 해결하려 국민 대표 회의 소집되지만 창조파와 개조파로 대립되고

많은 독립 운동가들이 임시 정부를 이탈했어.

랩으로 통암기하는 한국사 hey~

너희들도 할 수 있어 한국사 hey~

Step 2 개념 잡고 한국사 달인 되기

1 3 · 1 운동 이전의 민족 운동

1. 1910년대 국내 독립 운동

(1) **의병 활동** : 마지막 의병장인 채응언이 1915년까지 활약

(2) **비밀 결사**

① 독립 의군부(1912~1914) : 임병찬이 고종의 밀지를 받고 조직, 복벽주의[1] 지향, 국권 반환 요구서 발송 계획 → 실패

② 대한 광복회(1915~1918) : 박상진의 주도 하에 운영(부사령 김좌진), 애국 계몽 운동 계열과 의병 계열이 연합하여 결성, 공화주의 지향, 만주에 독립군 기지 건설 목표(사관 학교 설립), 친일파 색출 · 처단 → 일제에 발각되어 활동 중단

2. 국외 독립 운동 기지 건설

(1) **만주**

① 서간도(남만주)

- 삼원보 : 이회영, 이시영 등의 신민회 중심
- 단체 : 경학사 → 부민단 → 한족회로 발전(서로 군정 서군으로 개편)
- 학교 : 신흥무관학교

② 북간도

- 용정촌, 명동촌
- 단체 : 간민회, 대한 국민회, 중광단[2](북로 군정 서군으로 개편)
- 학교 : 서전서숙(용정촌), 명동학교(명동촌)

③ 북만주 : 밀산에 한흥동 건설(이상설)

(2) **연해주** : 신한촌 건설, 성명회[3], 권업회[4], 대한 광복군 정부[5], 전로 한족회 중앙 총회 (→ 대한 국민 의회로 발전)

---

1 복벽주의(復辟主義) : 나라를 되찾아 왕조를 다시 세운다는 의미이다.

2 중광단 : 1911년 대종교인 서일이 북간도에 망명하여 조직하였으며 1919년 북로군정서군으로 개편하였다. 김좌진을 사령관으로 맞이하였고, 교관 이범석, 김규식 등과 함께 사관 생도를 양성하여 북간도에서 가장 강력한 독립군단을 편성하였다.

3 성명회 : 1910년 이상설, 유인석 등이 중심이 되어 조직되었다. 일제의 부당성을 각국에 호소하는 등 활동을 확대하자 일제의 방해를 받아 해체되었다.

4 권업회 : 1911년 유인석, 홍범도 등 신한촌의 의병 계열과 계몽 계열이 합작하여 설립하였다. 권업회라는 명칭은 한국인에게 실업을 장려한다는 뜻이지만 이는 일제의 탄압을 피하기 위함이었고 항일 운동을 목적으로 하였다.

5 대한 광복군 정부 : 1914년 이상설, 이동휘를 정 · 부통령으로 하는 독립군 단체이다.

신한촌 기념비

(3) **중국 상하이** : 신한 청년당(1918년 결성, 파리 강화 회의에 김규식 파견)

(4) **미주 지역** : 대한인 국민회[6], 흥사단, 대조선 국민 군단 등

1910년대 국외 독립 운동 기지

2 3 · 1 운동

1. 3 · 1 운동의 배경

(1) **파리 강화 회의** : 제1차 세계대전 후 개최, 민족 대표 파견(신한 청년당 김규식)

(2) **민족 자결주의**[7] : 파리 강화 회의에서 미국 대통령 윌슨 제창

(3) **2 · 8 독립 선언** : 일본 유학생들을 중심으로 선언(1919)

■ 2 · 8 독립 선언

1. 우리는 한 · 일 합병이 우리 민족의 자유 의사에서 비롯된 것이 아니며 우리 민족의 생존 발전을 위협하고 동양의 평화를 저해하는 원인이 되므로 독립을 주장하는 것이다.
3. 우리는 만국 평화 회의에 대해 민족 자결주의를 우리 민족에게 적용할 것을 청구한다.

6 대한인 국민회 : 1910년 안창호 · 이승만 · 박용만 등이 조직하였다. 1908년 장인환 · 전명운의 스티븐슨 저격 사건을 계기로 설립하였다. 북미 · 하와이 · 시베리아 · 만주 등 4개 지역에 지방 총회를 설치하고 국외 독립 운동의 중추 역할을 하였다.

7 민족 자결주의 : 각 민족의 정치적 운명은 그 민족 스스로 결정해야 한다는 주장이다.

2. 3 · 1 운동의 전개

(1) **독립 선언** : 민족 대표들이 태화관에 모여 독립 선언 발표
(2) **만세 시위** : 탑골 공원에서 각급 학교 학생과 시민들이 만세 시위 전개

탑골공원(서울시 종로구

3. 3 · 1 운동의 확산

(1) **1단계** : 민족 대표들이 독립 선언서를 제작 · 배포, 비폭력주의
(2) **2단계** : 시위 운동이 도시로 확산, 학생, 상인, 노동자층 참가
(3) **3단계** : 전국 농촌 각지로 확산, 농민의 참여로 시위 규모 확대, 무력적인 저항 운동
(4) **국외 확산** : 만주, 연해주, 일본, 미국, 멕시코 등지의 교민 참가

3 · 1 운동에 참여했다가 수감된 사람들의 직업별 비율(1919. 3~1919.5)

농민	지식인 · 청년 · 학생	상공업자	노동자	무직자	계
4,969 (58.4%)	1,776 (20.8%)	1,174 (13.8%)	328 (3.9%)	264 (3.1%)	8,511 (100.0%)

■ 일제의 잔인한 탄압 – 제암리 학살 사건

일제는 시위대에 발포하고 칼을 휘둘러 수많은 인명을 살상하였다. 특히 경찰이 살해된 것에 대한 보복으로 마을을 전부 불태우고 주민들을 교회 안에 몰아넣어 죽인 화성 제암리의 학살 사건이 대표적이다.

4. 3 · 1 운동의 의의

(1) 주체성 확인, 최대 규모의 민족 운동
(2) 일제 통치 방식의 변화(무단 통치 → 문화 통치)
(3) 민족의 독립 의지를 전 세계에 천명

(4) 중국(5 · 4 운동), 인도, 동남 아시아 지역에 영향
(5) 상하이의 대한민국 임시 정부 수립에 영향

■ 3 · 1 운동의 영향

3 · 1 운동은 조선 민족이 단결하여 자유와 독립을 찾으려고 수없이 죽어 가고, 일본 경찰에 잡혀 가서 모진 고문을 당하면서도 굴하지 않았던 숭고한 독립 운동이었다. … 조선에서 학생의 신분으로 곧장 대학을 나온 젊은 여성과 소녀가 투쟁에 중요한 역할을 했다는 것을 듣는다면 너도 틀림없이 깊은 감동을 받을 것이다.

-「세계사 편력」 네루가 딸에게 보낸 편지

3 대한민국 임시 정부의 수립

1. 임시 정부의 수립 : 3 · 1 운동 이후 정부 수립 노력

(1) **국내** : 한성 정부(이승만 집정관 총재, 이동휘 국무총리)
(2) **중국 상하이** : 대한민국 임시 정부(이승만 국무 총리)
(3) **연해주** : 대한 국민 의회(손병희 대통령)

2. 임시 정부의 통합

(1) **통합** : 국내에서 수립된 한성 정부를 계승하고, 대한 국민 의회를 흡수 → 상하이에 통합 정부인 대한민국 임시 정부 수립(1919)
(2) **대한민국 임시 정부**
① 민주주의에 입각한 근대적 헌법을 갖추고 이승만을 대통령으로 추대
② 헌정 체제 : 임시 의정원(입법 기관), 법원(사법 기관), 국무원(행정 기관) → 최초의 3권 분립 민주 공화제 정부

■ 대한민국 임시 헌장

제1조 대한민국은 민주 공화제로 함
제2조 대한민국은 임시 정부가 임시 의정원의 결의에 의하야 이를 통치함
제3조 대한민국의 인민은 남녀, 귀천 및 빈부의 계급이 없고 일체 평등임
제9조 대한민국은 독립된 사법 제도를 실시함

- 대한민국 임시 정부 의정원 문서

임시 정부 청사

3. 임시 정부의 활동

(1) **독립 운동의 중추 기관** : 독립 운동을 조직적 · 효과적으로 추진하기 위해 노력

(2) **비밀 행정 조직망**

① 연통제 : 대한민국 임시 정부의 지방 행정 기관, 정부 문서와 명령 전달, 군자금 송부, 정보 보고

② 교통국 : 통신 기관, 정보의 수집 · 분석 · 교환 · 연락의 업무 관장

(3) **군자금 조달** : 애국 공채의 발행, 의연금 모금(만주의 이륭양행[8], 부산의 백산상회)

(4) **군사 활동** : 육군 무관학교(상하이), 광복군 사령부, 광복군 총영, 육군 주만 참의부 결성, 한국 광복군

(5) **외교 활동** : 김규식(외교 총장으로 임명)을 파리 강화 회의에 파견, 미국에 구미위원부 설치

(6) **독립신문[9] 간행**

(7) **사료 편찬소 설치** : 한 · 일 관계 사료집

4. 국민 대표 회의 개최

(1) **배경** : 연통제와 교통국의 해체, 무장 투쟁론과 외교론의 갈등, 이승만의 위임 통치 청원 문제[10]에 대한 갈등

(2) **국민 대표 회의[11] 조직**(1923)

① 창조파 : 김규식, 박은식, 신채호 등 새로운 정부 주장, 무장 투쟁 강조

② 개조파 : 안창호 등 대한민국 임시 정부의 조직 개편 주장

③ 이동녕, 김구 등은 임시 정부를 그대로 유지하자고 주장

④ 결과 : 회의 결렬, 대한민국 임시 정부 침체, 독립 운동가들의 이탈

5. 대한민국 임시 정부의 개편

(1) **이승만 탄핵**(1925) : 박은식을 대통령에 선출(1925)

(2) **헌법 개정** : 국무령 중심의 내각 책임 지도 체제(1925) → 국무 위원 중심의 집단 지도 체제(1927) → 주석 중심 지도 체제(1940) → 주석 · 부주석 지도 체제(1944)

---

8 이륭양행 : 중국 단둥에 설립된 무역 선박 회사로 대한민국 임시 정부 교통국의 역할을 하였다.

9 독립신문 : 대한민국 임시 정부의 기관지이다. 독립 운동의 방법을 논하고, 임시 정부의 활동, 독립군의 무장 투쟁 등의 소식을 보도하였다.

10 위임 통치 청원서 : 외교 독립론의 대표적 인물인 이승만은 국제 연맹에 위임 통치를 청원하는 것이 미국 내 여론의 주목을 끌 수 있다고 판단하여 미국 윌슨 대통령에게 청원서를 작성하였다. 이는 무장 투쟁론자들로부터 강력한 반발을 받았다.

11 국민 대표 회의 : 1923년 국내외 독립 운동 상황을 점검하고 대한민국 임시 정부의 문제를 해결하기 위해 개최된 회의이다.

Step 3 표를 통해 단원 복습하기

1. 3 · 1 운동 이전의 민족 운동

국내	독립 의군부	임병찬, 복벽주의, 국권 반환 요구서 발송 계획	
	대한 광복회	박상진, 공화주의, 독립군 기지 건설 목표	
국외	만주	서간도(남만주)	삼원보, 신흥 무관 학교
		북간도	용정촌, 명동촌, 중광단, 서전서숙, 명동학교
		북만주	밀산, 한흥동
	연해주	신한촌, 권업회, 대한 광복군 정부	
	상하이	신한 청년단	
	미주	대한인 국민회	

2. 3 · 1 운동

배경	파리 강화 회의, 민족 자결주의, 2 · 8 독립 선언	
확산	1단계	민족 대표 독립 선언, 비폭력 주의
	2단계	도시 시위 확산
	3단계	전국 농촌 각지로 확산, 농민 참여, 무력 저항
의의	최대 규모의 민족 운동, 일제 통치 방식 변화, 대한민국 임시 정부 수립 계기, 아시아 각국 영향	

3. 대한민국 임시 정부의 수립

수립	국내 한성 정부 계승, 연해주 대한 국민 의회 흡수 → 상하이 통합
헌정 체제	임시 의정원(입법), 법원(사법), 국무원(행정) → 3권 분립, 민주 공화제
활동	연통제, 교통국, 군자금 조달, 군사 활동, 외교 활동, 독립신문, 사료 편찬소
국민 대표 회의	창조파와 개조파의 대립 → 회의 결렬, 침체

Step 4 암기송을 들으며 가사 완성하기

Track 24

1 3·1 운동 이전의 민족 운동

일제의 강압적인 무단 통치 아래 억압된 우리 민중은 3 · 1 운동을 일으켰어.
3 · 1 운동의 결과로 일제의 통치 방식 바뀌게 되었고 대한민국 임시 정부 수립됐어.

1910년대 국내의 비밀 결사 조직은 독립 의군부와 대한 광복회가 있어.

독립 의군부는 임병찬이 고종의 밀명을 받아 결성했고 ❶ ________ 표방했어.

대한 광복회는 ❷ ________의 국민국가 수립 목표로 해. 독립군 양성하려 했어.

국외에서는 신민회 회원들이 ❸ ______에 신흥 강습소를 세웠고

연해주에 ❹ ______이 건설됐어.

일제의 강압적인 무단 통치 아래 억압된 우리 민중은 3 · 1 운동을 일으켰어.
3 · 1 운동의 결과로 일제의 통치 방식 바뀌게 되었고 대한민국 임시 정부 수립됐어.

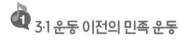

2 3·1 운동

국제적으로 민족 자결주의 제시되고,

신한 청년당의 김규식이 ❶__________에 파견돼.

일본에서 ❷__________을 발표함에 따라 1919년 3 · 1 운동 발생.

민족 대표 33인 태화관에서 독립 선언 낭독.

만세 소리는 전국으로 해외로 확산돼. (대한 독립 만세!)

하지만 일제는 무력으로 진압!

유관순의 순국. ❸__________.

3 · 1 운동은 중국의 ❹________ 인도의 민족 운동에 영향 줬어.

일제의 강압적인 무단 통치 아래 억압된 우리 민중은 3 · 1 운동을 일으켰어.
3 · 1 운동의 결과로 일제의 통치 방식 바뀌게 되었고 대한민국 임시 정부 수립됐어.

랩으로 통암기하는 한국사 hey~
너희들도 할 수 있어 한국사 hey~

❸ 대한민국 임시 정부의 수립

3 · 1 운동을 계기로 대한 ❶________,

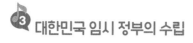

한성 정부, 상하이에 대한민국 임시 정부로 통합돼.

이승만을 대통령으로 ❷________ 입각한 공화제 정부였지.

❸______와 교통국을 운영, 독립 공채를 발행하여 의연금을 모금했어.

구미 위원부를 설치, ❹________ 발간, 한 · 일 관계 사료집을 간행했지.

랩으로 통암기하는 한국사 hey~

너희들도 할 수 있어 한국사 hey~

하지만 임시 정부 내에서 갈등 발생.

이를 해결하려 ❺__________ 소집되지만 창조파와 개조파로 대립되고

많은 독립 운동가들이 임시 정부를 이탈했어.

랩으로 통암기하는 한국사 hey~

너희들도 할 수 있어 한국사 hey~

암/기/송/문/제/정/답

1. ① 복벽주의 ② 공화 정체 ③ 삼원보 ④ 신한촌
2. ① 파리 강화 회의 ② 2 · 8 독립 선언 ③ 제암리 학살 사건 ④ 5 · 4운동
3. ① 대한 국민 의회 ② 삼권 분립 ③ 연통제 ④ 독립신문 ⑤ 국민 대표 회의

Step 5 핵심 문제를 통해 단원 마무리 짓기

실 / 전 / 문 / 제

1. OX 퀴즈

1 대한 광복회는 임병찬이 고종의 밀지를 받고 조직하였다. ( )

2 대한 광복회는 애국 계몽 운동 계열과 의병 계열이 연합하여 결성되었다. ( )

3 만주에서는 전로 한족회 중앙 총회가 만들어졌다. ( )

4 미주 지역에서는 대조선 국민군단이 만들어졌다. ( )

5 연해주에는 신한촌이 건설되었다. ( )

6 파리 강화 회의에는 민족 대표로 이회영 등이 파견되었다. ( )

7 3 · 1 운동 민족 대표들은 탑골 공원에서 학생, 시민들과 함께 독립 선언을 발표하였다. ( )

8 3 · 1 운동은 처음부터 무력적인 저항 운동을 하며 확대되었다. ( )

9 3 · 1 운동으로 일제는 무단 통치를 문화 통치로 바꾸었다. ( )

10 대한민국 임시 정부의 지방 행정 기관으로 연통제를 두었다. ( )

2. 빈칸 채우기

1 국내에서는 마지막 의병장인 ( )이 1915년까지 활약하였다.

2 독립 의군부는 ( ) 발송을 계획하였지만 실패하였다.

3 서간도에서는 독립군 양성을 위해 ( )학교가 세워졌다.

4 북간도 용정에는 ( ), 명동촌에는 ( )와 같은 학교가 만들어졌다.

5 일본 유학생은 1919년 ( )을 선언하였다.

6 3 · 1 운동은 중국 ( )에 영향을 주었다.

7 연해주에는 손병희를 대통령으로 하는 ( )가 세워졌다.

8 대한민국 임시 정부는 입법 기관인 ( ), 사법 기관인 ( ), 행정 기관인 ( )을 두었다.

9 대한민국 임시 정부는 사료 편찬소를 설치하여 ( )를 발간하였다.

10 국민 대표회의에서는 새로운 정부를 주장하는 ( )와 임시 정부의 조직 개편을 주장하는 ( )가 대립하였다.

3. 초성 퀴즈

1. 독립 의군부가 주장한 것으로 나라를 되찾아 왕조를 다시 세운다는 것은? ········ㅂㅂㅈㅇ (　　　　　)
2. 대한 광복회가 지향한 정치 체제는? ········ㄱㅎㅈㅇ (　　　　　)
3. 남만주에 신민회를 중심으로 세워진 기지는? ········ㅅㅇㅂ (　　　　　)
4. 북간도에서 대종교인 서일이 만든 단체는? ········ㅈㄱㄷ (　　　　　)
5. 밀산에 이상설이 건설한 것은? ········ㅎㅎㄷ (　　　　　)
6. 파리 강화 회의에서 미국 대통령 윌슨이 제창한 것은? ········ㅁㅈㅈㄱㅈㅇ (　　　　　)
7. 3 · 1 운동 이후 국내에 세워진 임시 정부는? ········ㅎㅅㅈㅂ (　　　　　)
8. 임시 정부의 통신 기관으로 정보를 수집하고 분석하는 등의 업무를 했던 곳은? ········ㄱㅌㄱ (　　　　　)
9. 대한민국 임시 정부에서 외교를 위해 미국에 설치한 것은? ········ㄱㅁㅇㅇㅂ (　　　　　)
10. 국민 대표 회의 결렬 후 이승만이 탄핵되고 대통령이 된 사람은? ········ㅂㅇㅅ (　　　　　)

실전 문제 정답

1 OX 퀴즈

1. X　2. O　3. X　4. O　5. O　6. X　7. X　8. X　9. O　10. O

2 빈칸 채우기

1. 채응언　2. 국권 반환 요구서　3. 신흥 무관　4. 서전서숙, 명동학교　5. 2 · 8 독립 선언　6. 5 · 4 운동
7. 대한 국민 의회　8. 임시 의정원, 법원, 국무원　9. 한 · 일 관계 사료집　10. 창조파, 개조파

3 초성 퀴즈

1. 복벽주의　2. 공화주의　3. 삼원보　4. 중광단　5. 한흥동　6. 민족 자결주의
7. 한성 정부　8. 교통국　9. 구미 위원부　10. 박은식

5-3 국내 민족 운동의 전개

Step 1 암기송을 통해 흐름 파악하기

Track 25

1 실력 양성 운동

3·1 운동 이후 지식인들은 사회 진화론에 입각하여 독립을 위해서 실력을 양성.
약육강식의 원칙에 따라 발전한 민족이 살아남는다는 이론이다.

평양에서 조만식은 토산품을 애용하자는 물산 장려 운동을 전개했지.

이상재는 우리의 대학을 설립하기 위해 민립 대학 설립 운동을 전개했어.

(한민족 1천만이 1원씩)

전국적으로 확산되었지만 일제의 방해로 실패했어.
일제는 민립 대학 설립 운동을 방해하고
친일 관료 양성을 위해 경성 제국 대학을 설립하였다.

일제의 식민지 차별 교육으로 문맹인들이 많아지자 문맹 퇴치 운동도 전개되지.
한국인에 대한 교육은 초등 교육과 실업 교육으로 한정되었다.

야학 운동이 전개되고,

조선일보는 한글 보급 운동, 동아일보는 브나로드 운동을 전개했어.

2 민족 협동 전선 운동

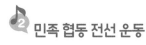

3 · 1 운동 이후 사회주의 사상 국내에 유입됐어.
생산 수단을 사회가 소유하고 관리해야 한다는 사상이다.

일제의 식민 교육 정책에 대항해서
한국인이 일제의 식민지 정책에 순종하도록 하기 위한 것이었다.

학생들은 순종의 장례일에 6 · 10 만세 운동을 전개

광주 학생 항일 운동이 전국적으로 확산
한 · 일 학생들 간의 충돌 과정에서 일본 경찰의 민족 차별이 원인이었다.

일부 민족주의자들의 자치권을 얻자는 주장에
일본이 허용하는 범위 내에서의 정치 운동을 주장하였다.

민족주의 세력 · 사회주의 세력, **신간회**를 결성.

민족의 각성과 단결, 기회주의자를 배격하자, 광주 학생 항일 운동도 지원했지.
신간회는 광주 학생 항일 운동에 대해
진상 조사단을 파견하였다.

3 대중적 사회 운동

방정환은 소년 운동을 통해 어린이날 제정, 청년들은 조선 청년 총동맹을 결성.
민족주의와 사회주의 계열로 나뉜
청년 운동의 분열을 수습하려 하였다.

여성들은 근우회를 조직, 백정들은 조선 형평사를 조직하여 형평 운동 전개했지.
신간회의 자매 단체이다.
법적으로는 신분제가 폐지되었지만
백정에 대한 사회적 차별이 존재하였다.

4 민족 문화 수호 운동

일제가 식민사관으로 한국사를 왜곡하자,

일제는 식민사관으로 조선에 대한 식민 통치를 합리화하였다.

박은식은 한국통사, 신채호는 조선상고사

백남운은 유물사관에 입각, 조선사회경제사를 저술해,

역사를 경제관념의 측면에서 파악하고
경제적 관계가 역사 발전의 원동력이라는 이론이다.

진단 학회는 실증사학 강조.

문헌 고증을 통해 역사를
있는 그대로 서술하려는 입장이다.

국어 연구도 진행돼.

조선어 연구회는 가갸날을 제정, 조선어 학회는 우리말 큰사전을 편찬하려 했지.

조선어 연구회가 개편된 것이다.

이 밖에도 종교계에서 다양한 방법으로 사회 운동 전개했어.

Step 2 개념 잡고 한국사 달인 되기

1 실력 양성 운동

1. 실력 양성 운동의 전개

(1) **방향** : 사회 진화론에 입각하여 민족 경제의 자립, 근대 교육의 보급, 신문화 건설 추구

(2) **종류** : 민족 기업의 설립, 물산 장려 운동, 민립 대학 설립 운동, 자치 운동, 문맹 퇴치 운동

(3) **의의와 한계**

① 의의 : 우리 사회의 근대적 발전 추구 → 민족 독립의 토대 구축 노력

② 한계 : 일제가 허용하는 범위 안에서 전개

2. 민족 기업의 설립

(1) **배경** : 회사령 철폐(신고제) → 민족 기업 육성 노력(경제적 민족주의 운동)

(2) **유형**

대지주 자본	경성 방직 주식회사
서민 출신 기업인	평양의 메리야스, 고무신, 양말 공업

(3) **평가** : 한국인 기업의 수나 자본금이 일본 기업에 비해 훨씬 적음, 금융을 장악한 일제와 타협해야만 지속적 성장 가능

3. 물산 장려 운동

(1) **배경** : 회사령 철폐, 일본 상품에 대한 관세 철폐

(2) **목표** : 민족 산업의 보호 · 육성을 통한 민족 경제의 자립 추구

(3) **전개**

① 시작 : 1920년 평양, 조만식 중심 → 전국 확산(조선 물산 장려회 조직)

② 활동 : 토산품 애용, 일본 상품 배척, 근검 저축, 금주 · 단연 운동

③ 구호 : '조선 사람 조선 것으로', '내 살림 내 것으로' 등

④ 단체 : 조선 물산 장려회, 토산 애용 부인회 등

(4) **평가**

① 의의 : 대중의 폭넓은 지지 → 토산품 애용 의식 확산

② 한계 : 자본가, 상인의 이익만 추구하는 운동(사회주의자들의 비판)

■ **조선 물산 장려회 궐기문**

내 살림 내 것으로!

보아라! 우리의 먹고 입고 쓰는 것이 다 우리의 손으로 만든 것이 아니었다. 이것이 세상에 제일 무섭고 위태한 일인 줄을 오늘에야 우리는 깨달았다.

피가 있고 눈물이 있는 형제 자매들아, 우리가 서로 붙잡고 서로 의지하여 살고서 볼 일이다.

입어라! 조선 사람이 짠 것을.

먹어라! 조선 사람이 만든 것을.

써라! 조선 사람이 지은 것을.

조선 사람, 조선 것.

경성 방직 주식회사의 국산품 애용 선전 광고

4. 민립 대학 설립 운동

(1) **배경** : 한국인에게 초등 및 실업 교육 위주의 교육 실시(우민화 교육) → 고등 교육의 필요성 대두

(2) **목표** : 고등 교육 기관 설립, 일제의 우민화 교육 극복

(3) **전개** : 조선 민립 대학 기성회 조직

① 활동 : 이상재 등, 모금 운동 전개 → 전국적 확산 → 일제의 방해로 실패

② 구호 : '한민족 1천만이 한 사람이 1원씩' 등

(4) **일제의 대응** : 경성 제국 대학 설립(1926, 친일 관리 양성 의도)

5. 문맹 퇴치 운동

(1) **주요 활동**

① 야학 운동 : 노동자 · 농민 등을 대상으로 한 문맹 퇴치 운동, 민족 의식 고취

② 한글 보급 운동 : 조선일보 주도, 한글 보급 운동 전개

③ 브나로드 운동 : 동아일보 주도, 농촌 계몽 운동 전개

(2) **탄압** : 조선 총독부가 민족 운동으로 간주하고 탄압

브나로드 운동

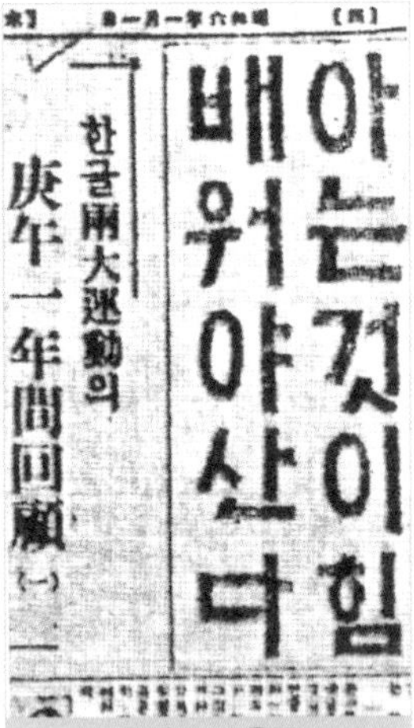

문자 보급 운동

2 민족 협동 전선 운동

1. 민족 협동 전선 운동

(1) **배경** : 3 · 1 운동 이후 사회주의 사상의 국내 유입(청년과 지식인 중심)

(2) **전개** : 사회주의 운동과 민족주의 운동의 갈등 → 민족 운동 분열 → 사회주의 계열과 민족주의 계열의 이념과 노선의 차이 극복 → 항일 투쟁의 역량 강화

2. 6 · 10 만세 운동(1926)

(1) **전개** : 순종의 죽음 → 거족적 만세 시위 계획(사회주의 계열 단체 + 천도교 + 학생 단체) → 학생 단체 중심의 시위 진행 + 시민 가담, 지방에서는 동맹 휴학 → 일제에 발각

(2) **평가**

① 학생 운동이 대중적 차원의 항일 민족 운동으로 발전

② 민족 유일당 운동의 공감대 형성 : 민족주의 계열과 사회주의 계열의 연대 모색

■ 6 · 10 만세 운동 격문

대한 독립 만세! 대한 독립 운동가여 단결하라!
군대와 헌병을 철수하라!
동양 척식 주식회사를 철폐하라!
일체의 납세를 거부하자!
일본 물화를 배척하자!
일본인 공장의 직공은 총파업하라!
일본인 지주에게 소작료를 바치지 말자!
언론 · 집회 · 출판의 자유를!

6 · 10 만세 운동

3. 광주 학생 항일 운동(1929)

(1) **배경** : 일제의 식민지 차별 교육, 6 · 10 만세 운동 이후 학생 운동의 조직화 경향

(2) **전개** : 광주 지역에서 한 · 일 학생 간 충돌 → 경찰과 교육 당국의 차별적 조처 → 시위 확산(동맹 휴학 등 전국적 규모의 항일 투쟁으로 확산, 신간회의 지원)

(3) **평가** : 3 · 1 운동 이후 최대 규모의 항일 민족 운동, 학생이 주도하여 일제 식민 통치에 정면 대항

■ 광주 학생 항일 운동 격문

학생, 대중이여 궐기하라! 우리의 슬로건 아래로!

- 검거된 학생들을 즉시 우리 손으로 탈환하자.
- 경찰의 교내 침입을 절대 반대한다.
- 언론 · 출판 · 집회 · 결사 · 시위의 자유를 획득하자.
- 조선인 본위의 교육 제도를 확립하라.
- 식민지적 노예 교육 제도를 철폐하라.
- 사회 과학 연구의 자유를 획득하자.
- 전국 학생 대표자 회의를 개최하라.

4. 신간회

(1) **창립**(1927)

① 배경

- 자치권 · 참정권 획득 운동 : 일부 민족주의자들이 일제의 식민 지배를 인정하고 자치권을 얻어 정치적 실력을 양성하자고 주장, 이광수 · 최린 · 김성수 등이 주도 → 민족주의 세력의 분열 초래
- 중국 각지에서 민족 유일당 촉성회 조직(제1차 국 · 공 합작)
- 민족주의 진영과 사회주의 진영 간 연대(6 · 10 만세 운동)

• 사회주의 노선의 변화 : 정우회 선언 → 비타협적 민족주의 진영과 연대 주장

② 창립 : 비타협적 민족주의 세력 + 사회주의 세력의 연대

(2) **강령** : 민족, 단결, 정치적 · 경제적 각성, 기회주의자 배격

■ 신간회 강령

1. 우리는 정치 · 경제적 각성을 촉진함.
2. 우리는 단결을 공고히 함.
3. 우리는 기회주의를 일체 부인함.

(3) **활동** : 일본과 만주로 조직 확대, 강연회 및 연설회 개최, 노동 · 농민 운동 지원, 광주 학생 항일 운동 후원(조사단 파견) → 일제의 탄압과 내부 갈등으로 해체(1931) → 이후 민족 협동 전선 붕괴

(4) **평가**

① 일제 강점기 최대의 합법적 정치 · 사회 단체

② 사회주의 운동의 합법적 활동 공간 상실 → 이후 비합법 투쟁

③ 비타협적 민족주의 진영은 문화 · 학술 활동 전개(조선학 운동)

3 대중적 사회 운동

1. 소년 운동

배경	어린이를 온전한 인격체로 대하려는 움직임 대두
활동	천도교 소년회(1921) : 방정환 중심, 소년 운동 주도, 어린이날 제정, '어린이'라는 용어 사용, 잡지 어린이 간행
탄압	애국 운동으로 간주하여 일제의 탄압을 받음

2. 청년 · 학생 운동

배경	3 · 1 운동 당시 주도적 역할, 사회주의 사상 수용
활동	• 청년 운동 : 조선 청년 총동맹 구성(1924), 계몽 운동(야학 · 토론회 등) • 학생 운동 : 독서회 조직, 민족 차별에 저항(수업 거부, 동맹 휴학 등)

3. 여성 운동

배경	여성의 사회 활동 활발, 여성 노동자 수 증가, 여성의 정치 · 사회 의식 고양
활동	• 여성 단체 결성, 여성의 지위 향상을 위한 운동 전개 • 근우회(1927) : 신간회의 자매 단체, 강연회, 야학 등 계몽 활동 전개, 기관지 '근우' 발행

4. 형평 운동[1]

배경	신분제 철폐 이후에도 백정에 대한 사회적 차별 지속[1]
활동	조선 형평사(1923) : 경남 진주에서 시작되어 전국으로 조직 확대, 평등한 대우 요구(신분 해방 운동)
영향	다른 사회 운동 단체와 연합하여 항일 민족 운동 전개

기관지 '근우'

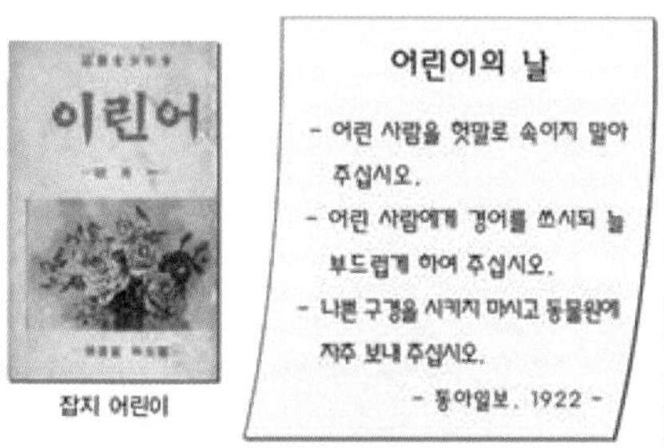

잡지 '어린이'

어린이날 포스터

■ 조선 형평사 설립 취지문(1923. 4. 25.)

공평은 사회의 근본이고 애정은 인류의 본령이다. 그러한 까닭으로 우리는 계급을 타파하고 모욕적 칭호를 폐지하여, 우리도 참다운 인간이 되는 것을 기하자는 것이 우리의 주장이다. 지금까지 조선의 백정은 어떠한 지위와 압박을 받아 왔는가? 과거를 회상하면 종일 통곡하고도 피눈물을 금할 수 없다. …… 직업의 구별이 있다고 한다면, 금수의 생명을 빼앗는 자는 우리만이 아니다.

형평사 대회 포스터

1 백정에 대한 차별 : 갑오 개혁으로 신분제가 법적으로 폐지되었지만 일제 강점기에도 호적의 이름 앞에 붉은 점을 찍는 등 차별이 지속되었다.

4 민족 문화 수호 운동

1. 한국사 연구

(1) 일제의 한국사 왜곡

① 목적 : 일제의 식민 지배 합리화

② 주요 내용(식민사관) : 한국사의 자율적 · 주체적 발전 부정(타율성론, 정체성론, 당파성론), 조선 총독부 산하에 조선사편수회 설치

타율성론	한국 민족은 자주적으로 역사를 발전시킬 수 없고, 반도 국가로서 외세의 간섭과 지배를 받으며 타율적으로 역사 발전이 이루어졌다는 주장
정체성론	한국사의 전개 과정은 왕조 교체일 뿐, 사회 · 경제 발전 단계가 전근대 사회에서 정체되어 있다는 주장
당파성론	조선은 당파 싸움으로 나라가 망했으며, 한민족은 단결하지 못하고 분열하는 특성을 지녔다는 주장

(2) 한국사 연구

① 민족주의 사학

- 우리 민족의 전통과 자주적 정신 강조
- 박은식 : 한국통사 · 한국독립운동지혈사 저술, 조선 국혼 강조
- 신채호 : 조선상고사 · 조선사연구초 저술, 고대사 연구
- 정인보 : 한국인의 얼 강조

② 사회 경제 사학

- 유물사관에 입각하여 한국사 연구 → 일제의 식민사관(정체성론) 극복
- 백남운 : 조선사회경제사 저술

③ 실증 사학

- 문헌 고증을 통한 실증적 역사 서술
- 진단 학회 : 이병도 · 손진태 등, 진단학보 발간

■ 민족주의 사학

역사란 무엇이뇨? 인류 사회의 아(我)와 비아(非我)의 투쟁이 시간부터 발전하며 공간부터 확대하는 심적 활동 상태의 기록이니, 세계사라 하면 세계 인류의 그리되던 상태의 기록이며, 조선사라면 조선 민족의 그리되어 온 상태의 기록이니라. 무엇을 '아'라 하며 무엇을 '비아'라 하느뇨? …… 이를테면 조선인은 조선을 아라 하고 영국 · 미국 · 프랑스 · 러시아 등은 각기 제 나라를 아라 하고 조선을 비아라 하며, …… 그러므로 역사는 아와 비아의 투쟁의 기록이니라.

– 신채호, 「조선상고사」

■ 사회 경제 사학

우리 조선의 역사적 발전의 전 과정은 가령 지리적 조건, 인종학적 골상, 문화 형태의 외형적 특징 등 다소의 차이는 인정되더라도, 다른 문화 민족의 역사적 발전 법칙과 구별되어야 하는 독자적인 것이 아니다. 세계사적인 일원론적 역사 법칙에 의해 다른 민족과 거의 같은 궤도로 발전 과정을 거쳐 왔다.

– 백남운, 「조선봉건사회경제사」

2. 국어 연구

(1) **조선어 연구회**(1921) : 가갸날(한글날) 제정, 잡지 한글 간행

(2) **조선어 학회**(1931) : 우리말 큰사전 편찬 시도, 한글 맞춤법 통일안 · 표준어 및 외래어 표기법 통일안 제정 → 일제가 조선어 학회 사건(1942)[2]으로 탄압

3. 종교계의 활동

대종교	나철이 창시, 단군 숭배 사상 전파, 중광단 조직하여 항일 무장 투쟁 전개
천도교	청년 운동 · 여성 운동 · 소년 운동 전개, 잡지 개벽 · 신여성 발간
불교	한용운을 중심으로 불교의 대중화를 위해 노력, 조선 불교 유신회 조직
개신교	교육 및 의료 사업, 일제의 신사 참배 거부 운동 전개
천주교	고아원과 양로원 건립 등 사회 사업 전개, 의민단 조직하여 항일 무장 투쟁 전개
원불교	박중빈이 창시, 새생활 운동 전개(허례 폐지, 근검 절약, 협동 단결 등)

2 조선어 학회 사건 : 일제가 조선어 학회 회원 및 관련 인물에 대해 항일 운동을 한다는 명목으로 치안 유지법을 적용하여 검거해 재판에 회부한 사건이다.

Step 3 표를 통해 단원 복습하기

1. 실력 양성 운동

민족 기업의 설립	• 배경 : 회사령 철폐(신고제) → 민족 기업 육성 노력 • 유형 : 경성 방직 주식회사, 평양의 메리야스, 고무신, 양말 공업
물산 장려 운동	• 배경 : 회사령 철폐, 일본 상품에 대한 관세 철폐 • 목표 : 민족 산업의 보호 · 육성을 통한 민족 경제의 자립 추구 • 조선 물산 장려회 조직 : 1920년 평양, 조만식 중심 → 토산품 애용, 일본 상품 • 배척, 근검 저축, 금주 · 단연 운동
민립 대학 설립 운동	• 배경 : 한국인에게 초등 및 실업 교육 위주의 교육 실시(우민화 교육) • 목표 : 고등 교육 기관 설립, 일제의 우민화 교육 극복 • 조선 민립 대학 기성회 조직 : 이상재 등, 모금 운동 전개 → 전국적 확산 → 일제의 방해로 실패 • 일제의 대응 : 경성 제국 대학 설립
문맹 퇴치 운동	• 야학 운동 : 노동자 · 농민 등을 대상으로 한 문맹 퇴치 운동, 민족 의식 고취 • 한글 보급 운동 : 조선일보 주도, 한글 보급 운동 전개(1920년대) • 브나로드 운동 : 동아일보 주도, 농촌 계몽 운동 전개(1930년대)

2. 민족 협동 전선 운동

6 · 10 만세 운동 (1926)	• 전개 : 순종의 죽음 → 거족적 만세 시위 계획 → 일제에 발각 • 평가 : 민족 유일당 운동의 공감대 형성
광주 학생 항일 운동 (1929)	• 배경 : 일제의 식민지 차별 교육 • 전개 : 광주 지역에서 한 · 일 학생 간 충돌 → 경찰과 교육 당국의 차별적 조치 → 시위 확산(전국적 규모의 항일 투쟁으로 확산, 신간회의 지원) • 평가 : 3 · 1 운동 이후 최대 규모의 항일 민족 운동
신간회 (1927)	• 창립 : 비타협적 민족주의 세력 + 사회주의 세력의 연대 • 강령 : 민족, 단결, 정치적 · 경제적 각성, 기회주의자 배격 • 활동 : 강연회 및 연설회 개최, 노동 · 농민 운동 지원, 광주 학생 항일 운동 후원

3. 대중적 사회 운동

소년 운동	• 배경 : 어린이를 온전한 인격체로 대하려는 움직임 대두 • 천도교 소년회(1921) : 방정환 중심, 소년 운동 주도, 어린이날 제정
청년 · 학생 운동	• 배경 : 3 · 1 운동 당시 주도적 역할, 사회주의 사상 수용 • 청년 운동 : 조선 청년 총동맹 구성(1924), 계몽 운동(야학 · 토론회 등) • 학생 운동 : 독서회 조직, 민족 차별에 저항(수업 거부, 동맹 휴학 등)
여성 운동	• 배경 : 여성의 사회 활동 활발, 여성 노동자 수 증가, 여성의 정치 · 사회 의식 고양 • 근우회(1927) : 신간회의 자매단체, 강연회 · 야학 등 계몽 활동 전개
형평 운동	• 배경 : 신분제 철폐 이후에도 백정에 대한 사회적 차별 지속 • 조선 형평사(1923) : 경남 진주에서 시작되어 전국으로 조직 확대, 평등한 대우 요구

4. 민족 문화 수호 운동

◇ 한국사 연구

일제의 한국사 왜곡	• 목적 : 일제의 식민 지배 합리화 • 식민사관	
	타율성론	한국 민족은 자주적으로 역사를 발전시킬 수 없고, 반도 국가로서 외세의 간섭과 지배를 받으며 타율적으로 역사 발전이 이루어졌다는 주장
	정체성론	한국사의 전개 과정은 왕조 교체일 뿐, 사회 · 경제 발전 단계가 전근대 사회에서 정체되어 있다는 주장
	당파성론	조선은 당파 싸움으로 나라가 망했으며, 한민족은 단결하지 못하고 분열하는 특성을 지녔다는 주장
한국사 연구	민족주의 사학	• 우리 민족의 전통과 자주적 정신 강조 • 박은식 : 한국통사 · 한국독립운동지혈사 저술, 조선 국혼 강조 • 신채호 : 조선상고사 · 조선사연구초 저술, 고대사 연구 • 정인보 : 한국인의 얼 강조
	사회 경제 사학	• 유물사관에 입각하여 한국사 연구 → 정체성론 극복 • 백남운 : 조선사회경제사 저술
	실증 사학	• 문헌 고증을 통한 실증적 역사 서술 • 진단 학회 : 이병도 · 손진태 등, 진단학보 발간

◇ 국어 연구

조선어 연구회	가갸날(한글날) 제정, 잡지 한글 간행
조선어 학회	우리말 큰사전 편찬 시도 → 일제가 조선어 학회 사건(1942)으로 탄압

◇ 종교계의 활동

대종교	나철이 창시, 단군 숭배 사상 전파, 중광단 조직하여 항일 무장 투쟁 전개
천도교	청년 운동 · 여성 운동 · 소년 운동 전개, 잡지 『개벽』 발간
불교	한용운을 중심으로 불교의 대중화를 위해 노력, 조선 불교 유신회 조직
개신교	교육 및 의료 사업, 일제의 신사 참배 거부 운동 전개
천주교	고아원과 양로원 건립 등 사회사업 전개
원불교	박중빈이 창시, 새생활 운동 전개(허례 폐지, 근검 절약, 협동 단결 등)

NOTE

Step 4 암기송을 들으며 가사 완성하기

Track 25

1 실력 양성 운동

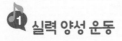

3·1 운동 이후 지식인들은 ❶ ____________ 에 입각하여

독립을 위해서 실력을 양성.

평양에서 조만식은 토산품을 애용하자는 ❷ ____________ 을 전개했지.

이상재는 우리의 대학을 설립하기 위해 ❸ ____________ 을 전개했어.

(한민족 1천만이 1원씩)

전국적으로 확산되었지만 일제의 방해로 실패했어.

일제의 식민지 차별 교육으로 문맹인들이 많아지자 ❹ ____________ 도 전개되지.

야학 운동이 전개되고,

조선일보는 한글 보급 운동, 동아일보는 ❺ ____________ 을 전개했어.

2 민족 협동 전선 운동

3 · 1 운동 이후 ❶ __________ 국내에 유입됐어.

일제의 식민 교육 정책에 대항해서

학생들은 순종의 장례일에 ❷ __________ 을 전개

❸ __________ 이 전국적으로 확산

일부 민족주의자들의 ❹ ______ 을 얻자는 주장에

민족주의 세력 · 사회주의 세력. ❺ ______ 를 결성.

민족의 각성과 단결, ❻ __________ 하자, 광주 학생 항일 운동도 지원했지.

3 대중적 사회 운동

방정환은 소년 운동을 통해 ❶ ________ 제정,

청년들은 ❷ __________ 을 결성.

여성들은 ❸ ______ 를 조직,

❹ ______ 들은 조선 형평사를 조직하여 형평 운동 전개했지.

④ 민족 문화 수호 운동

일제가 ❶__________으로 한국사를 왜곡하자,

박은식은 ❷__________, 신채호는 ❸__________

백남운은 유물사관에 입각, ❹__________를 저술해,

진단 학회는 실증사학 강조.

국어 연구도 진행돼.

❺__________는 가갸날을 제정,

❻__________는 우리말 큰사전을 편찬하려 했지.

이 밖에도 종교계에서 다양한 방법으로 사회 운동 전개했어.

암/기/송/문/제/정/답

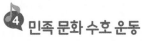

1. ① 사회 진화론 ② 물산 장려 운동 ③ 민립 대학 설립 운동 ④ 문맹 퇴치 운동 ⑤ 브나로드 운동
2. ① 사회주의 사상 ② 6 · 10 만세 운동 ③ 광주 학생 항일 운동 ④ 자치권 ⑤ 신간회 ⑥ 기회주의자를 배격
3. ① 어린이날 ② 조선 청년 총동맹 ③ 근우회 ④ 백정
4. ① 식민사관 ② 한국통사 ③ 조선상고사 ④ 조선사회경제사 ⑤ 조선어 연구회 ⑥ 조선어 학회

Step 5 핵심 문제를 통해 단원 마무리 짓기

실 / 전 / 문 / 제

1. OX 퀴즈

1 회사령이 철폐되면서 민족 기업을 육성하려는 노력이 전개되었다. ( )

2 물산 장려 운동은 토산품뿐만 아니라 일본 상품도 애용하자고 주장하였다. ( )

3 물산 장려 운동은 대중의 폭넓은 지지를 받았다. ( )

4 민립 대학을 설립하기 위해 이상재 등이 모금 운동을 전개하였다. ( )

5 노동자, 농민 등을 대상으로 문맹 퇴치를 위해 야학 운동을 전개하였다. ( )

6 고종의 죽음을 계기로 6 · 10 만세 운동이 일어났다. ( )

7 광주 학생 항일 운동은 3 · 1 운동 이후 최대 규모의 항일 민족 운동이었다. ( )

8 신간회는 일제 강점기 최대의 비합법적 정치 · 사회 단체이다. ( )

9 여성의 사회 활동이 활발해지고 여성의 정치 · 사회 의식이 고양되면서 여성 운동이 전개되었다. ( )

10 일제는 식민 지배를 합리화하기 위해 식민사관을 통해 한국사를 왜곡하였다. ( )

2. 빈칸 채우기

1 (　　　　　)은 민족 산업을 보호, 육성하여 민족 경제의 자립을 추구하였다.

2 민립 대학 설립 운동은 일제의 (　　　　　) 교육을 극복하고자 하였다.

3 동아일보는 농촌 계몽 운동으로 (　　　　　) 운동을 전개하였다.

4 (　　　　　) 만세 운동은 민족 유일당 운동의 공감대가 형성되는 계기가 되었다.

5 (　　　　　) 운동은 광주 지역에서 한 · 일 학생 간 충돌이 발단이 되어 일어났다.

6 신간회는 (　　　　　)를 배격할 것을 강령으로 삼았다.

7 (　　　　　)이 중심이 되어 조직된 천도교 소년회는 어린이날을 제정하는 등 소년 운동을 주도하였다.

8 (　　　　　)는 신간회의 자매 단체로, 강연회나 야학 등 계몽 활동을 전개하였다.

9 일제의 식민사관 중 (　　　　　)은 한국 민족은 자주적으로 역사를 발전시킬 수 없고 타율적으로 역사 발전이 이루어졌다는 주장이다.

10 사회 경제 사학은 (　　　　　　　)에 입각하여 한국사를 연구함으로써 일제의 식민사관을 극복하고자 하였다.

3. 초성 퀴즈

1 조만식을 중심으로 물산 장려 운동이 시작된 곳은? ·········· ㅍㅇ (　　　)

2 일제가 한국인에게 초등 및 실업 교육 위주의 교육을 실시하여 고등 교육의 필요성이 대두하면서 전개된 운동은? ·········· ㅁㄹ ㄷㅎ ㅅㄹ ㅇㄷ (　　　)

3 일제가 친일 관리를 양성하고자 설립한 대학은? ·········· ㄱㅅ ㅈㄱ ㄷㅎ (　　　)

4 문맹 퇴치를 위해 조선일보가 주도하여 전개한 운동은? ·········· ㅎㄱ ㅂㄱ ㅇㄷ (　　　)

5 광주 학생 항일 운동에 조사단을 파견하여 운동을 후원한 단체는? ·········· ㅅㄱㅎ (　　　)

6 신분제 철폐 이후에도 백정에 대한 사회적 차별이 지속되면서 전개된 운동은?
·········· ㅎㅍ ㅇㄷ (　　　)

7 한국통사, 한국독립 운동지혈사를 저술하였으며 조선 국혼을 강조한 학자는? ·········· ㅂㅇㅅ (　　　)

8 문헌 고증을 통한 실증적 역사 서술을 추구한 역사학은? ·········· ㅅㅈ ㅅㅎ (　　　)

9 조선어 연구회가 한글과 관련하여 제정한 날은? ·········· ㄱㄱㄴ (　　　)

10 불교계에서는 누구를 중심으로 불교의 대중화를 위해 노력했나? ·········· ㅎㅇㅇ (　　　)

실전 문제 정답

1 OX 퀴즈

1. O 2. X 3. O 4. O 5. O 6. X 7. O 8. X 9. O 10. O

2 빈칸 채우기

1. 물산 장려 운동 2. 우민화 3. 브나로드 4. 6 · 10 5. 광주 학생 항일 6. 기회주의자 7. 방정환 8. 근우회 9. 타율성론 10. 유물사관

3 초성 퀴즈

1. 평양 2. 민립 대학 설립 운동 3. 경성 제국 대학 4. 한글 보급 운동 5. 신간회 6. 형평 운동 7. 박은식 8. 실증 사학 9. 가갸날 10. 한용운

5-4 국외 민족 운동의 전개

Step 1 암기송을 통해 흐름 파악하기

Track 26

1920년대의 무장 독립 전쟁

1920년 홍범도의 대한 독립군은 **봉오동 전투**에서 승리했어.

봉오동 전투 이후 일제는 독립군을 소탕하기 위해 훈춘 사건을 조작하였다.

김좌진의 북로 군정서 등은 **청산리 전투**에서 대승을 거두었어.

6일간 10여 차례의 전투 끝에 승리하였다.

독립군의 근거지를 소탕한다는 명분 아래 일제 **간도 참변** 일으켜~

독립군은 자유시로 이동했지만 **자유시 참변**도 발생했어.

러시아 적군의 무장 해제 요구를 거부하자 적군이 독립군을 공격하였다.

독립군들은 좌절하지 않고 **3부**를 성립했어. (참의부, 정의부, 신민부)

삼권 분립에 기반한 공화주의 자치 정부였다.

하지만 **미쓰야 협정** 체결돼, 독립군 큰 타격받아.

일제가 독립군을 탄압하기 위해 만주 군벌과 체결한 협정이었다.

독립을 위해서 목숨 바쳐서 싸웠던 이들

독립을 위했던 이들의 노력을 우리는 기억해야 해.

독립을 위해서 목숨 바쳐서 싸웠던 이들

독립을 위했던 숭고한 그들의 노력을 기억해야 해.

2 1930년대의 무장 독립 전쟁

1931년 일제는 만주를 침략하고 만주국 수립했어.

이를 통해 한국과 중국은 연합 작전을 전개하지.

한국 독립군은 쌍성보 전투에서 승리
중국 호로군과 연합하였다.

조선 혁명군은 영릉가 전투에서 일본군을 격파했어.
중국 의용군과 연합하였다.

만주에선 동북 인민 혁명군이 결성

동북 항일 연군으로 개편됐어.

민족 혁명당, 한국 국민당, 조선 의용대가 결성됐어.
일부 부대는 한국 광복군에,
다른 일부는 중국 팔로군에 합류하였다.

독립을 위해서 목숨 바쳐서 싸웠던 이들
독립을 위했던 이들의 노력을 우리는 기억해야 해.
독립을 위해서 목숨 바쳐서 싸웠던 이들
독립을 위했던 숭고한 그들의 노력을 기억해야 해.

3 의열 투쟁의 전개

1920년대 김원봉의 **의열단**, 신채호의 조선혁명선언 행동 강령으로.

폭력적인 방법을 통해 독립을 쟁취하려 하였다.

1930년대 김구, **한인 애국단**. 이봉창이 일왕 마차 폭탄 던져.

국민 대표 회의 결렬 이후 임시 정부의 침체를 극복하기 위해 결성하였다.

윤봉길은 상하이 점령 축하연에 폭탄 투척했어.

이를 통해 중국 국민당 정부는 임시 정부를 지원하게 되지.

독립을 위해서 목숨 바쳐서 싸웠던 이들
독립을 위했던 이들의 노력을 우리는 기억해야 해.
독립을 위해서 목숨 바쳐서 싸웠던 이들
독립을 위했던 숭고한 그들의 노력을 기억해야 해.

Step 2 개념 잡고 한국사 달인 되기

1 1920년대의 무장 독립 운동

1. 무장 독립 전쟁의 승리

(1) 무장 독립군의 편성

① 3 · 1 운동 이후 수많은 청년의 독립군 가담

② 독립군 양성

만주 일대 중심	서로 군정서, 대한 독립단, 대한 국민회, 북로 군정서, 대한 독립군, 광복군 총영(사령부) 등
국내 독립군	천마산대, 보합단, 구월산대 등

③ 활동 : 국내 진공 작전 전개, 일제 군경과 전투, 군자금 모금 등

(2) 봉오동 전투와 청산리 대첩

봉오동 전투 (1920. 6.)	• 부대 : 대한 독립군(홍범도) 중심의 독립군 연합 부대 • 전개 : 독립군의 국내 진입 작전 → 일본군의 독립군 본거지 공격 → 일본군을 봉오동으로 유인하여 대파
청산리 대첩 (1920. 10.)	• 부대 : 북로 군정서[1](김좌진) · 대한 독립군(홍범도) 중심의 연합 부대 • 전개 : 일본군의 봉오동 전투 패배 → 훈춘 사건[2] 조작 → 독립군 토벌을 위해 대규모의 일본군을 만주에 출병 → 연합 부대가 일본군 대파 • 의의 : 독립 전쟁사 최대 규모 승리

■ 청산리 대첩의 승리 요인

• 생명을 돌보지 않고 용전분투하는 독립에 대한 군인 정신이 먼저 적의 사기를 압도하였다.

• 양호한 진지를 미리 차지하고, 완전한 준비를 하여 사격 성능을 극도로 발휘할 수 있었다.

• 임기응변의 전술과 예민 신속한 활동이 모두 적의 의표를 찔렀다.

– 청산리 대첩 승리 후 북로 군정서의 총재 서일이 임시 정부에 보고한 전투 승리 요인

1 북로 군정서 : 대종교 인사들이 조직한 중광단이 북로 군정서로 발전하였다. (총재 서일, 사령관 김좌진)

2 훈춘 사건(1920) : 봉오동 전투에서 패한 일본군이 중국의 마적단을 매수하여 일부러 일본의 관공서를 공격하고, 이를 독립군의 소행이라고 주장하며 만주 출병의 명분으로 삼았다.

김좌진

봉오동 전투와 청산리 전투

홍범도

2. 독립군의 시련

(1) **간도 참변**(1920) : 일본군이 봉오동 전투와 청산리 대첩의 패배에 대한 보복으로 간도의 한인촌 습격 → 무차별 학살

(2) **자유시 참변**(1921) : 대한 독립군단 조직(독립군이 밀산부에서 조직, 총재-서일) → 러시아의 자유시로 이동(러시아 내전에 참여) → 독립군 통합 과정에서 지휘권 분쟁 발생(러시아 혁명군인 적군이 독립군의 지휘권 양도 요구) → 러시아 적군의 공격으로 독립군 무장 해제 및 수많은 독립군 희생

■ 간도 참변

우리는 잿더미를 헤치고 한 노인의 시체를 보았다. 몸에는 총 맞은 곳이 두어 군데 있고 상은 벌써 다 타버리고 …… 방화한 지 36시간이 지났는데도 시체 타는 냄새가 났다. 각기 어린애를 업고 자기 가족의 무덤 앞에 앉아 우는 소리가 너무나도 처량하여 차마 볼 수 없었다.…… 내가 알고 있는 36개 촌락에서만 140여 명이 학살되었다.

–「무장 독립 운동사」

3. 3부 통합 운동

(1) 3부의 성립

① 전개 : 독립군의 통합 추진(독립 전쟁을 효율적으로 수행하기 위해) → 3개의 독립군 정부 성립(참의부, 정의부, 신민부)

참의부	정의부	신민부
압록강 연안 지안현	남만주 지역	북만주 지역

② 성격 : 삼권 분립에 기반을 둔 공화주의 자치 정부(민정 조직 + 군정 조직의 기능, 동포 사회에서 세금 징수, 독립군 양성)

(2) 3부 통합 운동

① 배경 : 미쓰야 협정(1925)[3] 체결로 독립군의 활동 위축, 민족 유일당 운동

② 3부의 통합 : 국민부와 혁신 의회로 재편 → 조선 혁명군, 한국 독립군을 조직하여 1930년대 독립 전쟁으로 계승

국민부	• 지역 : 남만주 • 군 정부로 활동 : 조선 혁명당 결성, 그 아래 조선 혁명군 조직
혁신 의회	• 지역 : 북만주 • 군 정부를 조직하지 못한 채 해체 → 한국 독립당 결성, 한국 독립군 조직

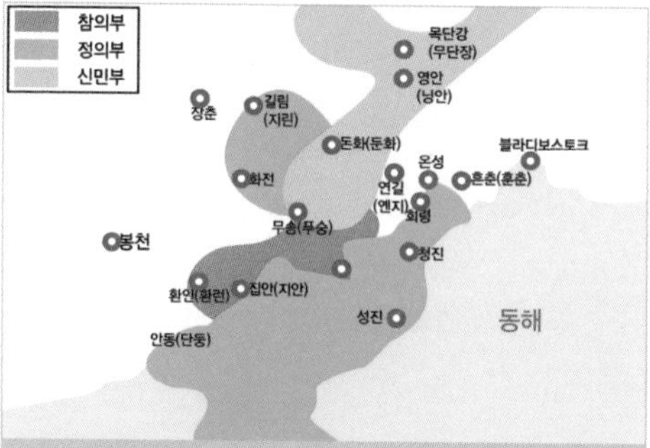

3부의 관할 지역

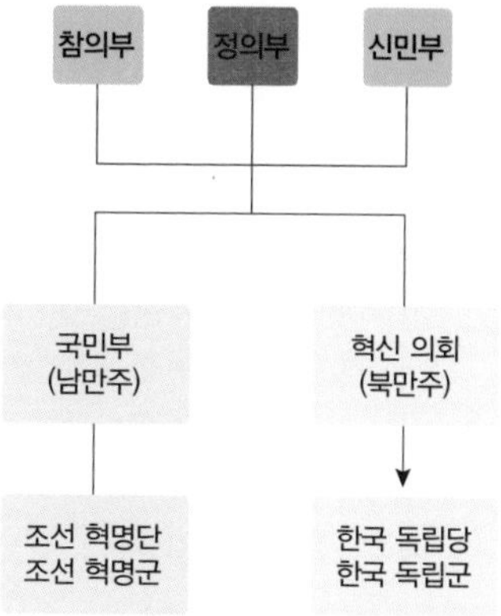

3부 통합 운동

2 1930년대의 무장 독립 운동

1. 한 · 중 연합 작전

(1) **전개** : 3부 통합 운동 → 조선 혁명당과 한국 독립당 결성(산하에 조선 혁명군, 한국 독립군 편성) → 일제의 만주 침략(만주국 수립) 이후 항일 중국군과 연합하여 일본군 격퇴

---

3 미쓰야 협정 : 일제가 독립군을 탄압하기 위해 만주 군벌과 체결한 협정이다.

(2) 한국 독립군과 조선 혁명군의 활약

한국 독립군	• 활동 : 북만주, 총사령관-지청천 • 일본군 격파 : 쌍성보 전투(1932), 대전자령 전투(1933) • 변화 : 1930년대 중반 임시 정부의 요청에 따라 지도부가 중국 관내로 이동(일제의 공세 강화 때문에), 일부는 한국 광복군에 참여(지청천-한국 광복군 창설에 기여)	 지청천
조선 혁명군	• 활동 : 남만주, 총사령관-양세봉 • 일본군 격파 : 영릉가 전투(1932), 흥경성 전투(1933) • 변화 : 1930년대 후반까지 만주에서 항일 투쟁 지속	

2. 만주 지역의 항일 무장 투쟁

(1) **배경** : 사회주의 사상의 확산, 만주 사변[4]으로 중국 내 반일 감정 고조

(2) **항일 유격 투쟁** : 항일 유격대 조직(만주의 한인이 선도적 역할, 중국 공산당의 지원) → 동북 인민 혁명군 조직(1933, 중국 공산당의 주도) → 동북 항일 연군으로 개편(1935), 한 · 중 연합 항일 유격 투쟁 전개 → 조국 광복회[5] 조직(1936), 보천보 전투(1937, 일본군 격퇴)

3. 중국 관내의 항일 투쟁

(1) 민족 혁명당(1935)

① 배경 : 항일 전선 통일 노력

② 조직 : 의열단(김원봉)과 한국 독립당(조소앙), 조선 혁명당(지청천) 등이 모여 결성 → 민족주의 계열과 사회주의 계열이 참여한 중국 관내 최대 규모의 통일 전선 정당

③ 한계 : 임시 정부를 고수하는 세력 불참(김구 - 한국 국민당 조직), 조소앙 · 지청천의 탈당 → 통일 전선 성격 약화 → 조선 민족 전선 연맹 결성 → 조선 의용대 창설

(2) 조선 의용대(1938)

① 조직 : 민족 혁명당 주도로 결성 → 중국 정부의 지원을 받으며 항일 투쟁

② 활동 : 일부 세력이 화북으로 이동(조선 의용대 화북 지대 결성[6] → 호가장 전투, 반소탕전에 참가), 일부는 한국 광복군에 합류(1942)

③ 의의 : 중국 관내 최초의 무장 독립군

4 만주 사변(1931) : 일제가 만주를 침략하여 점령한 사건이다. 만주 점령 후 일제는 만주국이라는 꼭두각시 국가를 세워 만주를 지배하였다.

5 조국 광복회(1936) : 동북 항일 연군 내 한인 유격대가 함경도 일대의 공산주의 세력과 천도교도 세력까지 포함하며 민족 통일 전선의 성격을 띠었다.

6 조선 의용대 화북 지대 결성 : 이후 조선 의용군으로 개편(1942)하였다.

3 의열 투쟁의 전개

1. 의열단(1919)

(1) **조직** : 만주, 김원봉 중심

① 행동 강령 : '조선혁명선언[가]'(신채호)

② 의열 투쟁 : 일제 식민 통치 기관 파괴, 조선 총독부 고위 관리 및 친일파 처단 등

(2) **활동** : 폭탄 투척(김익상, 김상옥, 나석주 등의 의거)

김익상	조선 총독부에 폭탄 투척
김상옥	종로 경찰서에 폭탄 투척
나석주	동양 척식 주식회사와 조선 식산 은행에 폭탄 투척

(3) **노선 변화**

① 1920년대 후반 : 개인 폭력 투쟁의 한계 인식 → 조직적 무장 투쟁 준비 → 단원들이 황포 군관 학교에서 군사 훈련 받음, 조선 혁명 간부 학교 설립(군사 훈련 실시)

② 1930년대 : 민족 통일 전선 운동에 참여 → '민족 혁명당' 결성 주도

■ 조선 혁명 선언

강도 일본을 쫓아내려면 오직 혁명으로만 가능하며, 혁명이 아니고는 강도 일본을 쫓아낼 방법이 없는 바이다. …… 민중은 우리 혁명의 대본영(大本營)이다.폭력은 우리 혁명의 유일한 무기이다. 우리는 민중 속으로 가서 민중과 손을 맞잡아 끊임없는 폭력 – 암살, 파괴, 폭동 – 으로써 강도 일본의 통치를 타도하고, 우리 생활에 불합리한 일체의 제도를 개조하여, 인류로써 인류를 압박하지 못하며, 사회로써 사회를 박탈하지 못하는 이상적 조선을 건설할지니라.

– 신채호 –

신채호

7 조선 혁명 선언 : 김원봉의 요청으로 작성한 것으로, 민중의 직접 혁명을 통한 독립을 주장하였다.

2. 한인 애국단(1931)

(1) **조직** : 국민 대표 회의(1923) 결렬[8] 이후 임시 정부의 침체를 극복하기위해 김구가 조직

(2) **활동**

이봉창 의거	도쿄에서 일왕의 마차에 폭탄 투척(미수)
윤봉길 의거	• 상하이 훙커우 공원에서 열린 일왕의 생일 및 상하이 사변 승리 축하 기념식장에 폭탄 투척 → 일본군 장성과 고관 처단 • 의의 : 중국 국민당 정부의 임시 정부 지원[9], 중국 관내에서 한국인의 무장 활동 승인

이봉창

윤봉길

4 국외 이주 동포의 활동

미주	• 이주 : 정부의 하와이 노동 이민 사업 시작(1903 사탕수수 농장 등에 노동 취업) • 독립 운동 지원 : 독립 공채 구매, 의연금 모금 → 임시 정부 지원 • 조직 : 대한인 국민회, 대조선 국민군단 → 동포 사회의 권익 옹호, 독립군 사관 양성 등
만주	• 이주 : 19세기부터 농민들의 이주 → 일제가 만주 침략 이후 이민 개척단 조직 • 한인 집단촌 형성 : 용정촌, 명동촌 • 자치 단체 운영 : 간민회 • 학교 설립 : 서전서숙, 명동 학교 • 독립 운동 지원 : 자금을 모아 군량미와 군수품 제공 등
연해주	• 이주 : 19세기 후반 러시아가 연해주 개척을 위해 한인의 이주 허용(토지 제공) → 소련 정부에 의해 한인들이 중앙아시아로 강제 이주(1937) • 한인 집단촌 형성 : 신한촌 • 조직 : 권업회, 대한 광복군 정부[10], 대한 국민 의회
일본	이주 : 19세기 말 주로 유학생 이주 → 제1차 세계 대전 이후 노동력 부족으로 한국인 노동자 이주 → 1930년대 징용령(1939)으로 수많은 한국인이 끌려가 강제 노역에 종사

8 국민 대표 회의 결렬 : 이후 많은 민족 운동가들이 임시 정부에서 이탈하였다.

9 중국 국민당 정부의 임시 정부 지원 : 장제스(장개석)는 "중국의 100만 대군도 해내지 못한 일을 한국의 청년이 해냈다."고 윤봉길의 의거를 높이 평가하였다.

10 대한 광복군 정부 : 정통령-이상설, 부통령-이동휘

Step 3 표를 통해 단원 복습하기

1. 1920년대의 무장 독립 전쟁

◇ 종교계의 활동

봉오동 전투 (1920. 6.)	• 대한 독립군(홍범도) 중심의 독립군 연합 부대 • 일본군의 독립군 본거지 공격 → 일본군을 봉오동으로 유인하여 대파
청산리 대첩 (1920. 10.)	• 북로 군정서(김좌진), 대한 독립군(홍범도) 중심의 연합 부대 • 일본군의 봉오동 전투 패배 → 훈춘 사건 조작 → 독립군 토벌을 위해 대규모의 일본군을 만주에 출병 → 연합 부대가 일본군 대파 • 독립 전쟁사 최대 규모 승리

◇ 독립군의 시련

간도 참변 (1920)	일본군이 봉오동 전투와 청산리 대첩의 패배에 대한 보복으로 간도의 한인촌 습격
자유시 참변 (1921)	대한 독립군단 조직 → 러시아의 자유시로 이동 → 러시아 적군의 공격으로 독립군 무장 해제 및 수많은 독립군 희생

◇ 3부 통합 운동

<table>
<tr><td rowspan="3">3부의 성립</td><td colspan="2">3개의 독립군 정부 성립 : 삼권 분립에 기반을 둔 공화주의 자치 정부</td></tr>
<tr><td colspan="2"><table><tr><th>참의부</th><th>정의부</th><th>신민부</th></tr><tr><td>압록강 연안 지안현</td><td>남만주 지역</td><td>북만주 지역</td></tr></table></td></tr>
<tr></tr>
<tr><td rowspan="2">3부 통합 운동</td><td>국민부</td><td>• 남만주 지역
• 군 정부로 활동 : 조선 혁명당 결성, 그 아래 조선 혁명군 조직</td></tr>
<tr><td>혁신 의회</td><td>• 북만주 지역
• 군 정부를 조직하지 못한 채 해체 → 한국 독립당 결성, 한국 독립군 조직</td></tr>
</table>

2. 1930년대의 무장 독립 전쟁

<table>
<tr><td rowspan="3">한 · 중
연합 작전</td><td colspan="2">• 일제의 만주 침략(만주국 수립) 이후 항일 중국군과 연합하여 일본군 격퇴
• 한국 독립군과 조선 혁명군의 활약</td></tr>
<tr><td>한국 독립군</td><td>• 북만주, 총사령관–지청천
• 쌍성보 전투, 대전자령 전투 승리</td></tr>
<tr><td>조선 혁명군</td><td>• 남만주, 총사령관–양세봉
• 영릉가 전투, 흥경성 전투</td></tr>
<tr><td>만주 지역의
항일 무장 투쟁</td><td colspan="2">항일 유격대 조직(만주의 한인이 선도 + 중국 공산당의 지원) → 동북 인민 혁명군 조직 → 동북 항일 연군으로 개편, 한 · 중 연합 항일 유격 투쟁 전개</td></tr>
<tr><td rowspan="2">중국 관내의
항일 투쟁</td><td>민족 혁명당</td><td>• 결성 : 의열단(김원봉) + 한국 독립당(조소앙) + 조선 혁명당(지청천)
• 민족주의 계열과 사회주의 계열이 참여한 중국 관내 최대 규모의 통일전선 정당</td></tr>
<tr><td>조선 의용대</td><td>• 결성 : 민족 혁명당 주도 + 중국 정부의 지원
• 일부 세력이 화북으로 이동 : 조선 의용대 결성
• 일부는 한국 광복군에 합류</td></tr>
</table>

3. 의열 투쟁의 전개

<table>
<tr><td rowspan="4">의열단
(1919)</td><td colspan="2">• 만주, 김원봉 중심으로 조직
• 행동 강령 : '조선혁명선언'(신채호)</td></tr>
<tr><td>김익상</td><td>조선 총독부에 폭탄 투척</td></tr>
<tr><td>김상옥</td><td>종로 경찰서에 폭탄 투척</td></tr>
<tr><td>나석주</td><td>동양 척식 주식회사와 조선 식산 은행에 폭탄 투척</td></tr>
<tr><td rowspan="3">한인 애국단
(1931)</td><td colspan="2">• 국민 대표 회의 결렬 이후 임시 정부의 침체 극복 위해 김구가 조직</td></tr>
<tr><td>이봉창</td><td>도쿄에서 일왕의 마차에 폭탄 투척(미수)</td></tr>
<tr><td>윤봉길</td><td>상하이 훙커우 공원에서 열린 일왕의 생일 및 상하이 사변 승리 축하 기념식장에 폭탄 투척 → 일본군 장성과 고관 처단</td></tr>
</table>

4. 국외 이주 동포의 활동

미주	• 이주 : 정부의 하와이 노동 이민 사업 시작(1903) • 독립 운동 지원 : 독립 공채 구매, 의연금 모금 • 조직 : 대한인 국민회, 대조선 국민군단
만주	• 이주 : 19세기부터 농민들의 이주 → 일제가 만주 침략 이후 이민 개척단 조직 • 한인 집단촌 형성 : 용정촌, 명동촌 • 자치 단체 운영 : 간민회 • 학교 설립 : 서전서숙, 명동학교
연해주	• 이주 : 19세기 후반 러시아가 연해주 개척을 위해 한인의 이주 허용(토지 제공) → 소련 정부에 의해 한인들이 중앙아시아로 강제 이주(1937) • 한인 집단촌 형성 : 신한촌 • 조직 : 권업회, 대한 광복군 정부, 대한 국민 의회
일본	이주 : 19세기 말 주로 유학생 이주 → 제1차 세계 대전 이후 노동력 부족으로 한국인 노동자 이주 → 1930년대 징용령(1939)으로 수많은 한국인이 끌려가 강제 노역에 종사

NOTE

Step 4 암기송을 들으며 가사 완성하기

Track 26

1 1920년대의 무장 독립 전쟁

1920년 홍범도의 대한 독립군은 ❶ __________ 에서 승리했어.

김좌진의 북로 군정서 등은 ❷ __________ 에서 대승을 거두었어.

독립군의 근거지를 소탕한다는 명분 아래 일제 ❸ ________ 일으켜

독립군은 자유시로 이동했지만 ❹ __________ 도 발생했어.

독립군들은 좌절하지 않고 ❺ ______ 를 성립했어. (참의부, 정의부, 신민부)

하지만 ❻ __________ 체결돼, 독립군 큰 타격받아.

독립을 위해서 목숨 바쳐서 싸웠던 이들
독립을 위했던 이들의 노력을 우리는 기억해야 해.
독립을 위해서 목숨 바쳐서 싸웠던 이들
독립을 위했던 숭고한 그들의 노력을 기억해야 해.

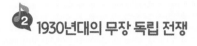

❷ 1930년대의 무장 독립 전쟁

1931년 일제는 만주를 침략하고 ❶______ 수립했어.

이를 통해 한국과 중국은 연합 작전을 전개하지.

❷__________은 쌍성보 전투에서 승리

❸__________은 영릉가 전투에서 일본군을 격파했어.

만주에선 동북 인민 혁명군이 결성

❹__________으로 개편됐어.

민족 혁명당, 한국 국민당, ❺__________가 결성됐어.

독립을 위해서 목숨 바쳐서 싸웠던 이들
독립을 위했던 이들의 노력을 우리는 기억해야 해.
독립을 위해서 목숨 바쳐서 싸웠던 이들
독립을 위했던 숭고한 그들의 노력을 기억해야 해.

❸ 의열 투쟁의 전개

1920년대 ❶_______의 의열단, 신채호의 ❷_____________을 행동 강령으로.

1930년대 김구, ❸_____________. 이봉창이 일왕 마차에 폭탄 던져.

❹_______은 상하이 점령 축하연에 폭탄 투척했어.

이를 통해 중국 ❺_____________는 임시 정부를 지원하게 되지.

독립을 위해서 목숨 바쳐서 싸웠던 이들
독립을 위했던 이들의 노력을 우리는 기억해야 해.
독립을 위해서 목숨 바쳐서 싸웠던 이들
독립을 위했던 숭고한 그들의 노력을 기억해야 해.

암/기/송/문/제/**정/답**

1. ① 봉오동 전투 ② 청산리 전투 ③ 간도 참변 ④ 자유시 참변 ⑤ 3부 ⑥ 미쓰야 협정
2. ① 만주국 ② 한국 독립군 ③ 조선 혁명군 ④ 동북 항일 연군 ⑤ 조선 의용대
3. ① 김원봉 ② 조선혁명선언 ③ 한인 애국단 ④ 윤봉길 ⑤ 국민당 정부

Step 5 핵심 문제를 통해 단원 마무리 짓기

실 / 전 / 문 / 제

1. OX 퀴즈

1 1920년대 무장 독립군은 국내 진공 작전을 전개하고 군자금을 모금하는 활동을 했다. ( )

2 청산리 대첩은 독립 전쟁사 최초의 승리이다. ( )

3 자유시 참변으로 우리 독립군은 무장 해제되고 수많은 독립군이 희생되었다. ( )

4 참의부, 정의부, 신민부의 3개의 독립군 정부는 삼권 분립에 기반한 공화주의 자치 정부의 성격을 띠었다. ( )

5 남만주 지역의 국민부는 조선 혁명당을 결성하고, 그 아래 조선 혁명군을 조직하여 군 정부로 활동하였다. ( )

6 일제의 연해주 침략 이후 항일 중국군과 연합하여 일본군을 격퇴하려는 한 · 중 연합 작전이 전개되었다. ( )

7 조선 혁명군은 남만주에서 활동하며 영릉가 전투, 흥경성 전투 등에서 일본군을 격파하였다. ( )

8 만주 사변으로 중국 내 반일 감정이 고조되면서 만주 지역에서 한 · 중 연합 항일 유격 투쟁이 전개되었다. ( )

9 민족 혁명당의 주도로 결성된 한국 광복군은 중국 정부의 지원을 받으며 항일 투쟁을 전개하였다. ( )

10 연해주에서는 권업회, 대한 광복회, 대한 국민 의회 등이 조직되었다. ( )

2. 빈칸 채우기

1 ( )가 이끄는 대한 독립군 중심의 독립군 연합 부대가 봉오동 전투에서 일본을 격파하였다.

2 봉오동 전투에서 패한 일본은 ( )을 조작하여 독립군 토벌을 위해 대규모의 일본군을 만주에 출병시켰다.

3 독립 전쟁을 효율적으로 수행하기 위해 3개의 독립군 정부 – 압록강 연안 지안현에 참의부, 남만주 지역에 ( ), 북만주 지역에 ( ) – 를 수립하였다.

4 일제가 독립군을 탄압하기 위해 만주 군벌과 ( )을 체결하면서 우리 독립군의 활동이 위축되었다.

5 한국 독립군 총사령관 ( )은 일본군을 격파하였을 뿐 아니라 이후 한국 광복군 창설에 기여하였다.

6 양세봉을 총사령관으로 하는 (   )은 1930년대 후반까지 만주에서 항일 투쟁을 지속하였다.

7 일제는 만주를 침략하여 점령한 후 (   )이라는 꼭두각시 국가를 세워 만주를 지배하였다.

8 만주에서 김원봉이 중심이 되어 조직된 (   )은 신채호의 조선 혁명 선언을 행동 강령으로 삼아 투쟁을 전개하였다.

9 일제가 이민 개척단을 조직하면서 (   )에 이주한 한인이 증가하였고, 용정촌과 명동촌 등 한인 집단촌이 형성되었다.

10 19세기 말에는 주로 유학생이 (   )으로 이주하였으나 제1차 세계 대전 이후 한국인 노동자가 이주하였고, 1930년대 징용령으로 수많은 한국인이 끌려가 강제 노역에 종사하였다.

3. 초성 퀴즈

1 북로 군정서와 대한 독립군 중심의 연합 부대가 일본군을 대파한 곳은? ······ ㅊㅅㄹ (   )

2 봉오동 전투에서 패한 일본군이 중국 마적단을 매수하여 일부러 일본 관공서를 공격한 후 이를 독립군 소행이라 주장하며 만주 출병의 명분으로 삼은 사건은? ······ ㅎㅊ ㅅㄱ (   )

3 일본군은 봉오동 전투와 청산리 대첩의 패배에 대한 보복으로 어느 지역 한인촌을 습격하여 그 지역 한인을 무차별 학살하였나? ······ ㄱㄷ (   )

4 3부 통합 운동으로 참의부, 정의부, 신민부는 국민부와 무엇으로 재편되었나? ······ ㅎㅅ ㅇㅎ (   )

5 쌍성보 전투, 대전자령 전투 등에서 일본군을 격파한 독립군은? ······ ㅎㄱ ㄷㄹㄱ (   )

6 의열단원 중 종로 경찰서에 폭탄을 투척하여 의열 투쟁을 한 인물은? ······ ㄱㅅㅇ(   )

7 중국 관내 최초의 무장 독립군은? ······ ㅈㅅ ㅇㅇㄷ (   )

8 국민 대표 회의 결렬 이후 임시 정부의 침체를 극복하기 위해 김구가 조직한 독립 운동 단체는? ······ ㅎㅇ ㅇㄱㄷ (   )

9 도쿄에서 일왕의 마차에 폭탄을 투척한 인물은? ······ ㅇㅂㅊ (   )

10 상하이 훙커우 공원에서 기념식장에 폭탄을 투척하여 일본군 장성과 고관을 처단한 인물은? ······ ㅇㅂㄱ (   )

NOTE

실전 문제 정답

1 OX 퀴즈

1. O 2. X 3. O 4. O 5. O 6. X 7. O 8. O 9. X 10. O

2 빈칸 채우기

1. 홍범도 2. 훈춘 사건 3. 정의부, 신민부 4. 미쓰야 협정 5. 지청천 6. 조선 혁명군
7. 만주국 8. 의열단 9. 만주 10. 일본

3 초성 퀴즈

1. 청산리 2. 훈춘 사건 3. 간도 4. 혁신 의회 5. 한국 독립군 6. 김상옥
7. 조선 의용대 8. 한인 애국단 9. 이봉창 10. 윤봉길

5-5 일제 강점기 사회 · 경제 변화와 건국 노력

Step 1 암기송을 통해 흐름 파악하기

Track 27

♪1 농민 운동과 노동 운동

1920년대 농민들은 소작 쟁의를 전개했어.

암태도 소작 쟁의가 있었지. 조선 농민 총동맹을 결성.

노동자들은 노동 쟁의 전개하지. 노동 총동맹 결성. 원산 총파업이 발생.
임금 인상, 노동 시간 단축 등 처우 개선을 요구하였다.

1930년대 농민과 노동자들은 사회주의와 연계하여 항일 민족 운동으로 발전했어.
운동 방식이 점차 혁명적인 방식으로 변화하였다.

2 문학과 예술, 생활의 변화

1910년대는 최남선의 소년이나 이광수는 무정을 발표했어.
계몽적 성격을 지닌 문학이 유행하였다.

1920년대 김소월과 한용운은 시를 써.
민족 고유의 정서를 표현하였다.

사회주의 영향 신경향파 문학 나타나. 카프(KAPF)가 조직돼.
현실 비판 의식이 더욱 강화되었다.

1930년대 이후 이육사와 윤동주 등은 저항 문학을 저술했어.

일제 강점기 예술 활동. 이중섭은 소를 그려 민족의 힘을 표현해.

1923년 도쿄 유학생들은 토월회를 조직해 연극 공연도 했어.
서양식 연극 활동이 본격화되었다.

1926년 나운규는 '아리랑'이란 영화를 제작해 민족의 고통을 표현했어.

일제 강점기 모던 걸과 모던 보이가 나타났고
서양식 패션과 생활을 즐기는 청년층이다.

중일 전쟁 이후 일제는 여성들에게 몸뻬 바지를 강요해.

③ 건국 준비 활동과 국제 사회의 움직임

1940년 대한민국 임시 정부는 충칭에 정착. 김구를 주석으로 선출.

조소앙의 삼균주의에 바탕을 둔 건국 강령 발표.

정치 · 경제 · 교육의 균등을 규정하였다.

지청천을 사령관으로 한국 광복군이 창설.

김원봉의 조선 의용대가 합류돼.

광복군은 태평양 전쟁 발발 직후 대일 선전 포고를 하고 영국군과 연합 작전 전개.

인도, 미얀마 전선에서
영국군과 연합 작전을 전개하였다.

국내 진공 작전 계획했지만 oh 일제의 항복으로 무산되지.

미국, 영국, 소련은 카이로 회담 통해 처음으로 한국의 독립 문제 논의해.

미국 · 영국 · 중국은 카이로 회담을 통해 적당한 시기에
한국을 독립시킬 것을 결의하였다.

이후 얄타 회담이 개최되고 포츠담 회담에서 한국의 독립을 재확인했지.

소련의 대일전 참전을 결정하였다.

우리의 독립이 이제 다가오는 거야.

Step 2 개념 잡고 한국사 달인 되기

1 농민 운동과 노동 운동

1. 농민 운동

배경	토지 조사 사업, 산미 증식 계획으로 소작농 증가 → 고율 소작료, 공과금 등 각종 부담 증가
소작 쟁의	• 소작료 인하, 소작권 이전 반대 요구 → 생존권 수호 투쟁 • 조선 농민 총동맹 결성(1927) • 암태도 소작 쟁의(1923)[1]

2. 노동 운동

배경	노동자 수 증가 → 낮은 임금, 열악한 작업 환경, 장시간 노동
노동 쟁의	• 노동 운동 조직화, 노동 조합 결성, 노농 총동맹 결성 • 임금 인상, 노동 시간 단축, 처우 개선 요구 → 생존권 수호 투쟁 • 원산 총파업(1929)[2]

3. 1930년대 : 일제의 농민 · 노동 운동 탄압, 사회주의와 연계 → 항일 민족 운동으로 발전

2 문학과 예술, 생활의 변화

1. 문학

1910년대	계몽적 성격, 이광수(무정) · 최남선(소년) 등이 주도	
1920년대	3 · 1 운동 이후	사실주의, 퇴폐적 낭만주의의 경향이 나타남, 동인지 간행('창조', '폐허' 등), 김소월 · 한용운 등(민족 고유의 정서 표현)
	1920년대 중반 이후	사회주의의 영향 → 신경향파 등장, 카프(KAPF) 결성
1930년대 이후	• 친일 문학 : 일제의 침략 전쟁 찬양 • 순수 문학 : 예술 지상주의, 정지용 · 김영랑 등 • 저항 문학 : 강력한 저항 의식 표출, 이육사 · 윤동주 등	

1 암태도 소작 쟁의 : 전라남도 무안군(현재 신안군)의 암태도에서 일어난 소작 쟁의. 소작인들은 70% 이상의 고율 소작료를 징수하던 지주의 횡포와 일제 경찰의 억압에 맞서 투쟁하였다. 결국 소작료를 40%까지 내리는 데 성공하였다.

2 원산 총파업 : 원산의 한 석유 회사에서 일본인 감독이 한국인 노동자를 구타한 사건이 있었다. 이 사건이 원인이 되어 노동자들은 감독 파면과 근무 조건 개선을 요구하며 파업을 시작했다. 그러나 회사가 약속을 어기고 노동자들을 탄압하자 원산 노동자들이 총파업에 돌입하였다. 전국 각지에서 지원하고, 중국과 소련, 프랑스 노동자들까지도 이들을 격려하였으나 일제의 탄압으로 결국 실패하였다.

한용운

이상화

윤동주

2. 예술

미술	• 한국화 : 장승업 계승 → 안중식, 허백련 등 • 서양화 : 고희동, 김관호, 이중섭(소-민족의 힘 표현) 등
연극	• 일제의 탄압 → 전통적 공연 예술(판소리, 가면극, 사당패 놀이 등) 위축 • 서양식 연극 활동 본격화 : 토월회 조직
영화	• 서양 문화의 수용 창구 역할 • 조선 키네마(최초의 영화사), 나운규(아리랑-식민지 현실의 고통 표현)
음악	• 전통적 민요, 창가 • 가곡 · 동요 : 1920년대 이후 서양 음악의 영향을 받음, 홍난파(봉선화), 윤극영(반달), 현제명(고향 생각), 안익태(코리아 환상곡) 등

3. 생활의 변화

(1) 근대적 인간상의 등장

① 모던 보이 · 모던 걸의 등장 : 서양식 패션과 생활을 즐기는 청년층

② 신여성의 대두 : 근대적 가치관을 지님, 나혜석 등

■ 나혜석의 결혼의 조건

• 일생을 두고 자신을 사랑할 것
• 그림 그리는 일을 방해하지 말 것
• 시어머니, 전처가 낳은 딸과 떨어져 두 사람만 따로 살 것

나혜석

(2) 의식주의 변화

의생활	양복 · 스커트 등 서양식 복장 보급, 중 · 일 전쟁 이후 국민복(남자) · '몸뻬'(일바지, 여자) 착용 강요, 단발 유행
식생활	일제의 수탈로 식량 부족, 도시 상류층을 중심으로 일본 · 서양 식품 소비(과자, 커피, 아이스크림 등)
주생활	• 농촌 : 초가, 기와집 • 도시 : 상류층은 문화 주택(2층 양옥)에 거주, 서민은 개량 한옥에 거주, 빈민가 형성(토막민[3])

3 건국 준비 활동과 국제 사회의 움직임

1. 대한민국 임시 정부

(1) **체제 변화** : 충칭에 정착(1940) → 주석(김구) 중심의 단일 지도 체제 마련

(2) **조소앙의 삼균주의[4]에 바탕을 둔 건국 강령 발표**(1941)

2. 한국 광복군(1940)

(1) **대한민국 임시 정부 산하 무장 부대 정규군으로 창설**(총사령관 - 지청천)

(2) **김원봉의 조선 의용대 일부가 한국 광복군에 가담 → 군사력 강화 → 본격적인 군사 활동 전개**

(3) **활약**

① 연합군과 합동 작전 : 태평양 전쟁 발발 직후 대일 선전 포고 → 영국군과 연합 작전 전개(연합군의 일원으로 참전 - 인도 · 미얀마 전선에 투입)

② 국내 진공 작전 계획 : 미국 전략 정보국(OSS)과 합작 → 일제의 항복으로 무산

3 토막민 : 도시화의 진행으로 토막민이란 도시 빈민층이 증가하였는데, 이들은 도시 외곽에 짚이나 거적 등으로 움막을 짓고 사는 집단 거주지를 형성하였다.

4 삼균주의 : 사회주의와 자본주의의 한계를 극복하기 위해 제시한 이념으로, 정치 · 경제 · 교육의 균등을 바탕으로 개인과 개인, 민족과 민족, 국가와 국가 간의 균등을 담고 있다.

3. 조선 의용군과 조선 건국 동맹

조선 의용군	• 조선 독립 동맹[5]의 군사 조직 • 조선 의용대 화북 지대 흡수, 중국 공산당 군대와 연합하여 대일 항전
조선 건국 동맹[6]	• 여운형 중심, 민족주의 + 사회주의 계열, 민주주의 원칙에 의한 국가 건설 목표 • 전국 10여 개 지역에 체계적인 조직 설치, 조선 독립 동맹과 연대 모색

4. 연합국의 독립 약속(카이로 회담, 얄타 회담, 포츠담 회담)

카이로 회담 (1943. 11.)	• 미국, 영국, 중국 • 최초로 한국의 독립 문제 논의 : '적당한 시기'에 한국의 독립 결정
얄타 회담 (1945. 2.)	미 · 소 신탁 통치 논의
포츠담 회담 (1945. 7.)	카이로 선언에서 결정한 한국의 독립 재확인

5 조선 독립 동맹 : 위원장 김두봉을 중심으로, 중국 화북 지방에서 결성되었다.

6 조선 건국 동맹 : 1945년 광복 직후 조선 건국 준비 위원회로 발전하였다.

Step 3 표를 통해 단원 복습하기

1. 농민 운동과 노동 운동

농민 운동	• 소작료 인하, 소작권 이전 반대 요구 → 생존권 수호 투쟁 • 조선 농민 총동맹 결성 • 암태도 소작 쟁의
노동 운동	• 임금 인상, 노동 시간 단축, 처우 개선 요구 → 생존권 수호 투쟁 • 원산 총파업
1930년대	항일 민족 운동으로 발전

2. 문학과 예술, 생활의 변화

문학	1910년대	이광수(무정) · 최남선(소년) 등
	1920년대	• 김소월 · 한용운 등(민족 고유의 정서 표현) • 1920년대 중반 이후 : 사회주의 영향 → 신경향파 등장, 카프(KAPF) 결성
	1930년대 이후	• 친일 문학 : 일제의 침략 전쟁 찬양 • 순수 문학 : 예술 지상주의, 정지용 · 김영랑 등 • 저항 문학 : 강력한 저항 의식 표출, 이육사 · 윤동주 등
예술	미술	이중섭의 소 : 민족의 힘 표현
	연극	서양식 연극 활동 본격화 : 토월회 조직
	영화	• 조선 키네마 : 최초의 영화사 • 나운규의 아리랑 : 식민지 현실의 고통 표현
	음악	홍난파(봉선화), 윤극영(반달), 현제명(고향 생각), 안익태(코리아 환상곡) 등
생활	• 근대적 인간상의 등장 : 모던 보이 · 모던 걸, 신여성(나혜석 등) • 의식주의 변화	

의생활	국민복(남자) · '몸뻬'(일바지, 여자) 착용 강요
식생활	도시 상류층을 중심으로 일본 · 서양 식품 소비(과자, 커피, 아이스크림 등)
주생활	초가, 기와집, 상류층은 문화 주택(2층 양옥), 서민은 개량 한옥, 빈민가 형성(토막민)

3. 건국 준비 활동과 국제 사회의 움직임

◇ 건국 준비 활동

<table>
<tr><td>대한민국 임시 정부</td><td colspan="2">• 충칭에 정착 → 주석(김구) 중심의 단일 지도 체제 마련
• 조소앙의 삼균주의에 바탕을 둔 건국 강령 발표</td></tr>
<tr><td>한국 광복군</td><td colspan="2">• 대한민국 임시 정부 산하 무장 부대(총사령관 – 지청천)
• 김원봉의 조선 의용대 일부가 한국 광복군에 가담 → 군사력 강화 → 본격적인 군사 활동 전개
• 활동 : 연합군과 합동 작전(태평양 전쟁 발발 직후 대일 선전 포고 → 영국군과 연합 작전 전개), 국내 진공 작전 계획(→ 일제의 항복으로 무산)</td></tr>
<tr><td rowspan="2">조선 의용군과
조선 건국 동맹</td><td>조선 의용군</td><td>• 조선 독립 동맹의 군사 조직
• 조선 의용대 화북 지대 흡수, 중국 공산당 군대와 연합하여 대일 항전</td></tr>
<tr><td>조선 건국 동맹</td><td>• 여운형 중심, 민주주의 원칙에 의한 국가 건설 목표
• 전국 10여 개 지역에 체계적인 조직 설치, 조선 독립 동맹과 연대 모색</td></tr>
</table>

◇ 국제 사회의 독립 약속

카이로 회담	• 미국, 영국, 소련 • 최초로 한국의 독립 문제 논의 : '적당한 시기'에 한국의 독립 결정
얄타 회담	미 · 소 신탁 통치 논의
포츠담 회담	카이로 선언에서 결정한 한국의 독립 재확인

Step 4 암기송을 들으며 가사 완성하기

Track 27

1 농민 운동과 노동 운동

1920년대 농민들은 ❶ __________ 를 전개했어.

❷ ______ 소작 쟁의가 있지. ❸ ________________ 을 결성.

노동자들은 노동 쟁의 전개하지.

❹ ____________ 결성. 원산 총파업이 발생.

1930년대 농민과 노동자들은 ❺ __________ 와 연계하여

항일 민족 운동으로 발전했어.

2 문학과 예술, 생활의 변화

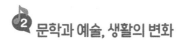

1910년대는 ❶______의 소년이나 ❷______는 무정을 발표했어.

1920년대 김소월과 한용운은 시를 써.

사회주의 영향 ❸__________ 나타나. 카프(KAPF)가 조직돼.

1930년대 이후 이육사와 윤동주 등은 ❹________을 저술했어.

일제 강점기 예술 활동. ❺______은 소를 그려 민족의 힘을 표현해.

1923년 도쿄 유학생들은 ❻______를 조직해 연극 공연도 했어.

1926년 ❼______는 '아리랑'이란 영화를 제작해 민족의 고통을 표현했어.

일제 강점기 모던 걸과 모던 보이가 나타났고

중일 전쟁 이후 일제는 여성들에게 ❽________를 강요해.

3 건국 준비 활동과 국제 사회의 움직임

1940년 대한민국 임시 정부는 ❶______에 정착. 김구를 주석으로 선출.

조소앙의 ❷_________에 바탕을 둔 건국 강령 발표.

지청천을 사령관으로 ❸____________이 창설.

❹______의 조선 의용대가 합류돼.

광복군은 태평양 전쟁 발발 직후 대일 선전 포고를 하고

❺______과 연합 작전 전개.

❻____________ 계획했지만 oh 일제의 항복으로 무산되지.

미국, 영국, 소련은 ❼____________ 통해 처음으로 한국의 독립 문제 논의해.

이후 얄타 회담이 개최되고 포츠담 회담에서 한국의 독립을 재확인했지.

우리의 독립이 이제 다가오는 거야.

암/기/송/문/제/**정/답**

1. ① 소작 쟁의 ② 암태도 ③ 조선 농민 총동맹 ④ 노농 총동맹 ⑤ 사회주의
2. ① 최남선 ② 이광수 ③ 신경향파 문학 ④ 저항 문학 ⑤ 이중섭 ⑥ 토월회 ⑦ 나운규 ⑧ 몸뻬
3. ① 충칭 ② 삼균주의 ③ 한국 광복군 ④ 김원봉 ⑤ 영국군 ⑥ 국내 진공 작전 ⑦ 카이로 회담

Step 5 핵심 문제를 통해 단원 마무리 짓기

실 / 전 / 문 / 제

1. OX 퀴즈

1 일제 강점기 농민들은 소작료 인하와 소작권 이전 반대를 요구하며 생존권 수호 투쟁을 벌였다. ( )

2 일제 강점기 농민들은 낮은 임금을 받고 열악한 작업 환경에서 일했으며, 장시간 노동에 시달렸다. ( )

3 1930년대 일제가 농민 운동과 노동 운동을 탄압하자 농민과 노동자들은 더 이상 운동을 이어가지 못하였다. ( )

4 1920년대 김소월, 한용운 등은 문학을 통해 민족 고유의 정서를 표현하였다. ( )

5 미술계에서 이중섭은 소를 통해 민족의 힘을 표현하였다. ( )

6 일제 강점기 일본식 패션과 생활을 즐기는 청년층인 모던 보이, 모던 걸이 등장하였다. ( )

7 대한민국 임시 정부는 1940년 충칭에 정착하고 김구를 주석으로 단일 지도 체제를 마련하였다. ( )

8 한국 광복군은 중 · 일 전쟁 발발 직후 대일 선전 포고를 하고 연합군과 합동 작전을 벌였다. ( )

9 한국 광복군은 미국 전략 정보국과 합작하여 국내 진공 작전을 계획하였으나 일제의 항복으로 무산되었다. ( )

10 여운형의 주도 하에 민족주의 계열과 사회주의 계열이 모여 조선 건국 동맹을 조직하였다. ( )

2. 빈칸 채우기

1 일제 강점기 농민들이 벌인 대표적인 소작 쟁의는 전라남도 무안군에서 일어난 ( ) 소작 쟁의이다.

2 1910년대 ( )가 무정, ( )이 소년 등의 문학 작품을 내놓으며 문학계를 주도하였다.

3 1920년대 중반 이후 사회주의의 영향으로 ( )가 등장하고 카프(KAPF)가 결성되었다.

4 1930년대 이후 ( ) 문학은 일제의 침략 전쟁을 찬양하였다.

5 서양식 연극 활동이 본격화되면서 ( )가 조직되었다.

6 나운규는 영화 ( )에서 식민지 현실의 고통을 표현하였다.

7 ( )의 봉선화, ( )의 고향 생각 등의 음악이 만들어졌다.

8 일제는 중 · 일 전쟁 이후 여자들에게 일바지인 ( ) 착용을 강요하였다.

9 조선 독립 동맹의 군사 조직인 (   )은 조선 의용대 화북 지대를 흡수하고 중국 공산당 군대와 연합하여 대일 항전을 벌였다.

10 (   ) 회담에서 최초로 한국의 독립 문제를 논의하였다.

3. 초성 퀴즈

1 일제 강점기 노동자들이 노동자들의 권익 옹호를 위해 결성한 것은? ············ ㄴㄷㅈㅎ (   )

2 원산의 한 석유 회사에서 일본인 감독이 한국인 노동자를 구타한 사건이 원인이 되어 시작된 파업은? ············ ㅇㅅ ㅊㅍㅇ (   )

3 1930년대 이후 이육사, 윤동주 등 일제에 대한 강력한 저항 의식을 표현한 문학은? ············ ㅈㅎ ㅁㅎ (   )

4 일제 강점기에 세워진 우리나라 최초의 영화사는? ············ ㅈㅅ ㅋㄴㅁ (   )

5 일제 강점기 나혜석 등 근대적 가치관을 지닌 여성을 무엇이라 불렀나? ············ ㅅㅇㅅ (   )

6 일제 강점기 도시 외곽에 짚이나 거적 등으로 움막을 짓고 사는 도시 빈민들을 무엇이라 불렀나? ············ ㅌㅁㅁ (   )

7 대한민국 임시 정부는 조소앙의 어떤 사상에 바탕을 둔 건국 강령을 발표하였나? ············ ㅅㄱㅈㅇ (   )

8 대한민국 임시 정부 산하 무장 부대 정규군으로 창설된 군대는? ············ ㅎㄱㄱㅂㄱ (   )

9 미 · 소 신탁 통치를 논의한 회담은? ············ ㅇㅌ ㅎㄷ (   )

10 카이로 선언에서 결정한 한국의 독립을 재확인한 회담은? ············ ㅍㅊㄷ ㅎㄷ (   )

실전 문제 정답

1 OX 퀴즈
1. O 2. O 3. X 4. O 5. O 6. X 7. O 8. X 9. O 10. O

2 빈칸 채우기
1. 암태도 2. 이광수, 최남선 3. 신경향파 4. 친일 5. 토월회 6. 아리랑
7. 홍난파, 현제명 8. 몸뻬 9. 조선 의용군 10. 카이로

3 초성 퀴즈
1. 노동조합 2. 원산 총파업 3. 저항 문학 4. 조선 키네마 5. 신여성 6. 토막민
7. 삼균주의 8. 한국 광복군 9. 얄타 회담 10. 포츠담 회담

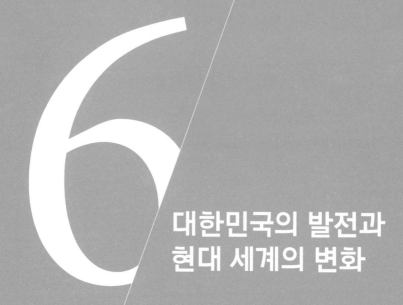

6 대한민국의 발전과 현대 세계의 변화

6-1 대한민국 정부의 수립과 6·25 전쟁

Step 1 암기송을 통해 흐름 파악하기

Track 28

1 광복과 통일 정부 수립 운동

1945년 그토록 열망했던, 광복을 맞이했어.

여운형은 조선 건국 준비 위원회를 통해 정부를 수립하려 노력했어.
조선 인민 공화국을 수립하고 지방에 인민 위원회를 조직하였지만
미국의 인정을 받지 못하였다.

미국과 소련의 개입으로 국토가 분단되고 말아. 남한에서 미 군정이 시작.

미국, 영국, 소련은 모스크바 3국 외상 회의 통해 한국의 독립 문제를 논의해.

미·소 공동회를 설치 신탁 통치를 실시할 것을 결정해.
미·소 공동 위원회

좌·우익의 대립이 심화.
처음에는 좌·우익 모두 신탁 통치에 반대했지만
이후 좌익 세력이 신탁 통치를 지지하는 것으로 입장을 바꾸었다.

제 1차 미·소 공동회가 결렬되고 이승만의 정읍발언으로
남한만의 단독 정부 수립을 주장하였다.

김규식과 여운형은 좌우 합작 운동을 전개하지만 실패해.
친일파 처단, 토지 개혁 등을 주장한 좌우 합작 7원칙을 제시하였다.

좌우 합작 7원칙에 따라 좌우 합작 임시 정부 수립.

토지 개혁·친일파 처벌하려 했었어.

제2차 미·소 공동 위원회도 결렬. 미국은 한반도 문제를 UN에 이관
임시 정부 수립 참여 단체에 대한 이견을 좁히지 못하였다.

남한만 단독 선거하기로 결정됐어.

남한만의 단독 선거는 안 돼! 김구와 김규식은 남북 협상 추진하기 위해
북쪽의 김일성과 통일 정부 수립 등을 논의하였다.

북으로 건너가 노력했지만 남북 협상 실패했어.

정부 수립을 둘러싸고 제주 4·3 사건과 여수·순천 사건도 발생하지.
빨갱이 사냥을 명분으로 수많은 무고한 민간인들을 학살하였다.

2 대한민국 정부의 수립

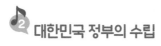

남한에서 5 · 10 총선거가 실시. 제헌 국회가 구성. 헌법이 제정됐어.

김구를 중심으로 한 남북 협상파는 불참하였다. 7월 17일을 제헌절로 선포하였다.

대통령으로 이승만이 선출되고 대한민국 정부가 수립.

제헌 국회, 반민 특위 설치

친일파 청산이 목적이었지만 이승만 정부의 소극적 태도, 국회 프락치 사건 등으로 인해 해체되었다.

유상 매수 · 유상 분배의 원칙에 의거. 농지 개혁법을 제정

한 가구당 토지 소유를 최대 3정보로 제한하고 그 이상의 토지를 유상 매입, 유상 분배하였다.

반민 특위가 해체되고 친일파 청산 노력이 좌절됐어.

농지 개혁법으로 지주 계급 소멸됐어.

3 6 · 25 전쟁

남북이 대립하고 애치슨 선언으로 한국이 미국의 방위선에서 제외되자

미국의 국무장관 딘 애치슨은 미국의 극동 방위선을 알류산 열도-일본-오키나와-필리핀을 잇는 선으로 규정하였다.

1950년 6월 25일 북한이 남침해. 서울이 함락돼 낙동강 유역으로 후퇴.

하지만 인천 상륙 작전으로 승기 잡아. 서울을 수복하고 압록강 유역까지 진격했어.

그런데 중국군이 개입해. 전세가 역전돼. 서울이 다시 함락돼. (1 · 4 후퇴)

38도선 부근에서 전선이 고착화됐어 휴전 협상이 전개됐어,

38도선 부근에서의 고지전이 휴전 협정 전까지 지속되었다.

1953년 휴전 협정이 체결돼. 지금까지~

휴전선을 확정하고 비무장 지대, 군사 정전 위원회, 중립국 감시 위원단을 설치하였다.

Step 2 개념 잡고 한국사 달인 되기

⊙ 당시 세계는? 냉전 체제의 형성

1. 국제 연합(UN) 창설(1945)

창설	제2차 세계 대전 중 전쟁 방지 · 세계 평화 유지를 위해
특징	• 국제 연합군(유엔군)을 통해 국제 분쟁에 무력으로 제재 가능 • 안전 보장 이사회 설치 : 상임 이사국[1]에게 거부권 부여

2. 냉전 체제의 형성

<table>
<tr><td rowspan="3">형성</td><td colspan="2">자본주의 진영(미국 중심) ↔ 공산주의 진영(소련 중심)</td></tr>
<tr><td>자본주의 진영</td><td>공산주의 진영</td></tr>
<tr><td>• 트루먼 독트린, 마셜 플랜 발표
• 북대서양 조약 기구(NATO) 결성</td><td>• 경제 상호 원조 회의(COMECON) 조직
• 바르샤바 조약 기구(WTO) 결성</td></tr>
<tr><td>격화</td><td colspan="2">베를린 봉쇄, 6 · 25 전쟁, 베트남 전쟁 발생</td></tr>
<tr><td>변화</td><td colspan="2">닉슨 독트린(냉전 완화), 몰타 회담(냉전의 종식 선언), 독일 통일, 소련의 해체 및 동유럽 공산주의 정권 붕괴 → 냉전 체제 붕괴</td></tr>
</table>

3. 아시아의 변화

중국	국 · 공 내전[2] : 공산당의 승리 → 중화 인민 공화국 수립(1949)
한국	6 · 25 전쟁(1950)
일본	미국의 지원, 샌프란시스코 강화 조약 체결(1951)로 주권 회복
베트남	베트남 전쟁(1960) : 베트남 민주 공화국(북베트남, 공산주의) ↔ 베트남 공화국(남베트남, 자유 민주주의)의 내전

1 상임 이사국 : 미국, 영국, 프랑스, 중국, 소련의 5개 국가

2 국 · 공 내전 : 장제스(장개석)의 국민당과 마오쩌둥(모택동)의 공산당 사이에 벌어진 내전이다. 공산당이 승리하여 중국에서 는 중화 인민 공화국이 수립되었고, 장제스는 타이완 총통 자리에 올라 중화민국을 수립하였다.

1 광복과 통일 정부 수립 운동

1. 광복(1945. 8. 15.)

(1) **광복** : 우리 민족의 끊임 없는 독립 운동, 일본의 항복(연합국의 승리)

(2) **조선 건국 준비 위원회**(건준, 1945)

① 조직 : 광복 직후 조선 건국 동맹 계승, 여운형과 안재홍 중심(좌우 연합체, 자주적 정부 수립 추구)

② 활동 : 치안대 설치(치안과 행정, 사회 질서 유지), 전국에 지부 조직 → 좌익 중심으로 운영(우익 이탈) → 건국 준비 위원회 해체

③ 조선 인민 공화국 수립 : 미군의 남한 진주 결정 → 건국 준비 위원회 해체 후 좌익 세력이 선포, 주석(이승만), 부주석(여운형)

8 · 15 광복

(3) **국토 분단**(38도선 기준)

① 전개 : 소련군의 한반도 북부 지역 점령 → 미국이 38도선을 기준으로 한 분할 점령 제안 → 38도선을 기준으로 분단

② 미 · 소 군정 실시

남 (미 군정)	• 38도선 이남 • 직접 통치 – 한국인이 만든 모든 행정 조직 불인정 : 조선 인민 공화국, 대한민국 임시 정부 등 인정하지 않음 → 임시 정부 요인들은 개인 자격으로 귀국 – 한국 민주당 인사 등용, 총독부 관료와 경찰 조직은 유지(활용 목적)
북 (소 군정)	• 38도선 이북 • 간접 통치 : 사회주의 세력 지원(각지 인민 위원회에 행정권 이양)

2. 정부 수립 노력

(1) **모스크바 3국 외상 회의**(1945. 12.)

① 개최 : 미국 · 영국 · 소련의 3국 외무장관이 제2차 세계 대전 전후 처리 문제 논의(한국의 독립 문제 논의)

② 결의 내용

• 한반도에 임시 민주 정부 수립

• 미 · 소 공동 위원회 설치

• 최대 5년간 신탁 통치 실시 : 미국, 영국, 중국, 소련의 4개국이 신탁 통치

③ 신탁 통치에 대한 국내의 반응

우익 세력	• 김구, 이승만, 한국 민주당 • 신탁 통치 반대 운동
좌익 세력	• 박헌영 등 조선 공산당 • 신탁 통치 반대 → 입장 바꿈 (신탁 통치 지지)

↑

좌우익의 대립 심화

신탁 통치 반대 집회

■ 모스크바 3국 외상 회의 결정서(1945)

1. 조선을 독립국으로 재건하고 조선이 민주주의 원칙 위에서 발전하게 하며 장기간에 걸친 일본 통치의 잔재를 신속히 청산할 목적으로 조선 민주주의 임시 정부를 수립한다. 임시 정부는 조선의 산업, 운수, 농촌 경제 및 민족 문화 발전을 도모한다.
2. 조선에 임시 정부를 수립하기 위해, 남조선 미군 사령부 대표들과 북조선 소련군 사령부 대표로 공동 위원회를 조직한다. 위원회는 제안을 작성할 때에 조선의 민주주의 정당들, 사회단체들과 협의하여야 한다.
3. 공동 위원회의 제안은 5년 이내 기한의 조선에 대한 4개국 신탁 통치 협약을 작성하는 것이다. 공동 위원회는 이 협약을 조선 임시 민주 정부와 협의한 후, 미 · 소 · 영 · 중 정부의 공동 심의를 받아야 한다.

(2) 미 · 소 공동 위원회(1946~1947)

제1차 미 · 소 공동 위원회 (1946)	• 임시 정부 수립을 위한 협의에 참여할 단체의 범위를 놓고 미 · 소 대립 → 제1차 미 · 소 공동 위원회 결렬 • 참여 단체에 대한 미 · 소의 주장	
	미국	모든 사회 단체 참여(신탁 통치 반대 세력도 포함)
	소련	모스크바 3국 외상 회의 결정에 반대하는 우익 단체는 제외(지지 세력만 포함)
제2차 미 · 소 공동 위원회 (1947)	협의 참여 단체에 대한 이견을 좁히지 못함 → 미국이 한반도 문제를 유엔(UN, 국제 연합)에 이관	

(3) 좌우 합작 운동

① 배경 : 제1차 미 · 소 공동 위원회 결렬 → 남한 내 단독 정부 수립론 대두(이승만의 정읍 발언)[3]

② 좌우 합작 위원회 결성 : 여운형(중도 좌파) + 김규식(중도 우파) 중심 → 미 군정의 지원, 좌우 합작 7원칙 발표(토지 개혁-유상 매입 · 무상 분배 원칙, 반민족 행위자 처벌 등)

3 정읍 발언(1946) : 제1차 미 · 소 공동 위원회가 결렬되자 이승만이 남한만이라도 정부를 수립해야 한다고 주장하였고, 한국 민주당 등 우익 세력이 그를 지지하였다.

③ 결과 : 좌우익의 의견 대립[4], 김구 · 이승만 · 조선 공산당 등 불참, 미 군정의 지원 철회, 여운형 암살 → 활동 중지

(4) **남북 협상**(1948. 4.)

① 배경 : 제2차 미 · 소 공동 위원회 결렬 → 미국은 한국 문제를 유엔에 이관 → 유엔 한국 임시 위원단의 감시 아래 인구 비례에 의해 남북한 총선거 실시 결정(유엔 총회) → 한국에 유엔 한국 임시 위원단 파견 → 북한과 소련의 입북 거부 → 선거 가능한 지역인 남한에서 총선거 실시 결정[5](유엔 소총회)

② 전개

- 남쪽의 김구 + 김규식 + 김두봉이 평양으로 가 북쪽의 김일성과 회담
- 결의 내용 : 총선거를 통한 통일 정부 수립, 남한 단독 선거 반대 등
- 남북 협상 실패 : 김구의 암살(1949. 6.) 후 관계 단절

(5) **정부 수립을 둘러싼 갈등**

제주 4 · 3 사건 (1948)	제주도 3 · 1절 기념 행진(1947) 당시 경찰의 발포(사상자 발생) → 좌익 세력이 단독 정부 수립에 반대하며 무장 봉기 → 미 군정의 무력 진압 → 일부 지역에서 5 · 10 총선거 무산 → 군대와 경찰의 무력 진압(수많은 제주 도민 희생) → 미 군정에 반감 고조
여수 · 순천 10 · 19 사건 (1948)	정부 수립 이후 제주 4 · 3 사건 진압 시도(여수 주둔 군부대에 출동 명령) → 부대 내 좌익 세력의 반발(제주도 출동 반대, 통일 정부 수립을 주장하며 여수 · 순천 일대 점령) → 반란 진압

2 대한민국 정부의 수립

1. 대한민국 정부 수립

5 · 10 총선거 (1948. 5. 10.)	• 남한 단독 총선거 실시(김구, 김규식 등 남북 협상파와 좌익 세력의 불참) • 제헌 국회 구성(임기 2년) → 제헌 헌법 제정, 국호 대한민국
제헌 헌법 (1948. 7. 17.)	• 대한민국 임시 정부의 법통 계승 • 대통령으로 이승만 선출
대한민국 정부 수립 (1948. 8. 15.)	• 이승만 대통령이 정부 구성, 대한민국 정부 수립 선포 • 유엔 총회에서 한반도 내 유일한 합법 정부로 승인

4 좌우익의 의견 대립 : 좌우 합작 7원칙 중 신탁 통치, 토지 개혁, 친일파 처벌 문제 등에서 의견이 대립하였다.
5 남한에서 총선거 실시 결정 : 김구는 유엔 소총회의 결정에 반대하였다. 이승만과 한국 민주당은 적극 참여하였다.

■ 제헌 헌법(1948)

유구한 역사와 전통에 빛나는 우리들 대한 국민은 기미 삼일 운동으로 대한민국을 건립하여 세계에 선포한 위대한 독립 정신을 계승하여 ……. 정당 또 자유로이 선거된 대표로서 구성된 국회에서 단기 4281년 7월 12일 이 헌법을 개정한다.

제1조 대한민국은 민주 공화국이다.

제53조 대통령과 부통령은 국회에서 무기명 투표로써 각각 선거한다.

제55조 대통령과 부통령의 임기는 4년으로 한다. 단 재선에 의하여 1차 중임할 수 있다.

대한민국 정부 수립

2. 제헌 국회의 주요 활동

(1) 친일파(반민족 행위자) 처벌 – 반민족 행위 처벌법(반민법) 제정

① 반민족 행위 특별 조사 위원회(반민 특위) 구성 → 반민족 행위자 조사 및 체포

② 해체 : 이승만 정부의 소극적 태도(이승만 정부의 반공 중시), 국회 프락치 사건(1949)[6], 친일 경찰의 반민 특위 습격 → 반민 특위 해체, 친일파 처벌 실패(반민 특위 체포자 대부분 감형되거나 풀려남)

■ 반민족 행위 처벌법(1948)

제1조 일본 정부와 통모하여 한·일 합병에 적극 협력한 자, 한국의 주권을 침해하는 조약 또는 문서에 조인한 자와 모의한 자는 사형 또는 무기 징역에 처하고 그 재산과 유산의 전부 혹은 2분지 1 이상을 몰수한다.

제3조 일본 치하 독립운동자나 그 가족을 악의로 살상 박해한 자 또는 이를 지휘한 자는 사형, 무기 또는 5년 이상의 징역에 처하고 그 재산의 전부 혹은 일부를 몰수한다.

(2) 농지 개혁 – 농지 개혁법

① 특징 : 한 가구당 토지 소유 제한(최대 3정보), 3정보 이상의 토지에 대한 유상 매입·유상 분배

② 결과 : 경작자(농민) 중심의 토지 소유 실현, 소작농의 자작농화(지주제 소멸)

③ 한계 : 높은 토지 가격의 유상 분배에 따른 농민의 부담, 농지를 제외한 토지 및 반민족 행위자 소유의 토지는 제외 → 농민의 소작농화(농지를 되팔고 소작농이 됨), 농지 개혁 대상 토지의 감소

6 국회 프락치 사건 : 제헌 국회 일부 국회 의원들이 남조선 노동당과 내통하여 국회 내 프락치 역할을 했다는 혐의로 구속된 사건으로, 구속된 국회 의원들 중 친일파 처단을 주장한 의원들이 많았다.

◉ 당시 북한은? 북한 정부의 수립

북조선 임시 인민 위원회 구성	• 위원장에 김일성 선출 • 친일파 청산 • 사회주의 체제의 기초 마련 : 토지 개혁(무상 몰수 · 무상 분배), 주요 산업과 각종 자원의 국유화
정부 수립	과정 : 북조선 인민 위원회 수립 → 최고 인민 의회 대의원 선거 실시 → 헌법 공포, 조선 민주주의 인민 공화국 수립 선포(수상-김일성)

3 6 · 25 전쟁

1. 전개

(1) **배경** : 미 · 소 양군 철수, 38도선 부근에서의 잦은 무력 충돌, 북한에 대한 소련과 중국의 군사적 지원[7], 미국의 애치슨 선언(미국의 태평양 방위선에서 한반도 제외)

(2) **북한의 남침**(1950. 6. 25.) : 서울 함락 → 낙동강 유역까지 후퇴 → 유엔군의 참전(인천 상륙 작전) → 서울 수복 후 압록강 유역까지 진격 → 중국군 개입(전세 역전) → 흥남 철수 → 서울 재함락(1 · 4 후퇴) → 38도선 부근에서 전선 고착화 → 휴전 협상

(3) **휴전 협정 체결**(1953) : 휴전선 확정, 비무장 지대 설치, 군사 정전 위원회와 중립국 감시 위원단 설치

2. 영향

(1) **피해** : 수많은 사상자 및 전쟁 고아 · 이산 가족 발생, 산업 시설 파괴

(2) **영향** : 남북 간의 이념 대립 및 적대감 심화, 분단 고착화, 전통 문화 해체, 서구의 대중 문화 유입, 한 · 미 상호 방위 조약 체결(1953, 주한 미군 주둔), 북한에서 중국의 영향력 강화

인천 상륙 작전

휴전 협정 조인

7 중국의 군사적 지원 : 중국은 미군이 개입하면 참전할 것을 약속하였다.

Step 3 표를 통해 단원 복습하기

1. 광복과 통일 정부 수립 운동

◇ 광복(1945. 8. 15.)

조선 건국 준비 위원회 (1945)		광복 직후 조선 건국 동맹 계승, 여운형과 안재홍 중심(자주적 정부 수립 추구)
국토 분단 (38도선 기준)		소련군의 한반도 북부 지역 점령 → 미국이 38도선을 기준으로 한 분할 점령 제안 → 38도선을 기준으로 분단
	남 (미 군정)	• 38도선 이남 • 직접 통치 : 한국인이 만든 모든 행정 조직 불인정, 한국 민주당 인사 등용, 총독부 관료와 경찰 조직은 유지
	북 (소 군정)	• 38도선 이북 • 간접 통치 : 사회주의 세력 지원(각지 인민 위원회에 행정권 이양)

◇ 정부 수립 노력

모스크바 3국 외상 회의 (1945. 12.)		• 미국 · 영국 · 소련의 3국 외무장관, 한국의 독립 문제 논의 • 내용 : 미 · 소 공동 위원회 설치, 최대 5년간 신탁 통치 실시
	우익	신탁 통치 반대 운동
	좌익	신탁 통치 반대 → 신탁 통치 지지
미 · 소 공동 위원회 (1946~1947)	제1차	임시 정부 수립을 위한 협의에 참여할 단체의 범위를 놓고 미 · 소 대립 → 위원회 결렬
	제2차	협의 참여 단체에 대한 이견을 좁히지 못함 → 미국이 한반도 문제를 UN에 이관
좌우 합작 운동		• 전개 : 제1차 미 · 소 공동 위원회 결렬 → 이승만의 정읍 발언 → 좌우 합작 위원회 결성(여운형과 김규식 중심, 좌우 합작 7원칙 발표) • 결과 : 김구 · 이승만 · 조선 공산당 등 불참, 미 군정의 지원 철회, 여운형 암살
남북 협상(1948. 4.)		• 배경 : 제2차 미 · 소 공동 위원회 결렬 → 남북한 총선거 실시 결정 → 북한과 소련의 입북 거부 → 선거 가능한 지역인 남한에서 총선거 실시 결정 • 전개 : 남쪽의 김구 + 김규식이 평양에서 북쪽의 김일성과 회담 → 김구의 암살 후 관계 단절 (협상 실패)

정부 수립을 둘러싼 갈등	제주 4 · 3 사건	제주도 3 · 1절 기념 행진 당시 경찰의 발포 → 좌익 세력이 단독 정부 수립에 반대하며 무장 봉기 → 미 군정의 무력 진압 → 일부 지역에서 5 · 10 총선거 무산
	여수 · 순천 10 · 19 사건	정부 수립 이후 제주 4 · 3 사건 진압 시도 → 부대 내 좌익 세력의 반발 → 반란 진압

2. 대한민국 정부의 수립

대한민국 정부 수립	5 · 10 총선거	남한 단독 총선거 실시 → 제헌 국회 구성 → 제헌 헌법 제정, 국호 대한민국
	제헌 헌법	대한민국 임시 정부의 법통 계승
	대한민국 정부 수립	이승만 대통령이 정부 구성, 대한민국 정부 수립 선포
제헌 국회의 주요 활동	반민족 행위 처벌법	반민족 행위 특별 조사 위원회(반민 특위) 구성 → 반민족 행위자 조사 및 체포 → 이승만 정부의 소극적 태도 → 반민 특위 해체(친일파 처벌 실패)
	농지 개혁법	한 가구당 토지 소유 제한(최대 3정보), 3정보 이상의 토지에 대한 유상 매입 · 유상 분배 → 지주제 소멸

3. 6 · 25 전쟁

전개	• 배경 : 미국의 애치슨 선언(미국의 태평양 방위선에서 한반도 제외) • 전개 : 북한의 남침(서울 함락) → 낙동강 유역까지 후퇴 → 유엔군의 참전(인천 상륙 작전) → 서울 수복 후 압록강 유역까지 진격 → 중국군 개입(전세 역전) → 흥남 철수 → 서울 재함락(1 · 4 후퇴) → 38도선 부근에서 전선 고착화 → 휴전 협상 • 휴전 협정 체결(1953)
영향	• 피해 : 수많은 사상자 및 전쟁 고아 · 이산 가족 발생, 산업 시설 파괴 • 영향 : 남북 간의 이념 대립 및 적대감 심화, 분단 고착화, 한 · 미 상호 방위 조약 체결(1953, 주한 미군 주둔)

Step 4 암기송을 들으며 가사 완성하기

Track 28

1 광복과 통일 정부 수립 운동

1945년 그토록 열망했던, 광복을 맞이했어.

여운형은 ❶ ________________ 를 통해 정부를 수립하려 노력했어.

미국과 소련의 개입으로 국토가 분단되고 말아. 남한에서 ❷ ______ 이 시작.

미국, 영국, 소련은 ❸ ________________ 통해 한국의 독립 문제를 논의해.

미 · 소 공동회를 설치 ❹ ________ 를 실시할 것을 결정해.

좌 · 우익의 대립이 심화.

❺ ______________ 가 결렬되고 이승만의 ❻ ________ 으로

김규식과 여운형은 ❼ ___________ 을 전개하지만 실패해.

좌우 합작 7원칙에 따라 좌우 합작 임시 정부 수립.

토지 개혁 · 친일파 처벌하려 했었어.

제2차 미 · 소 공동 위원회도 결렬. 미국은 한반도 문제를 UN에 이관

남한만 단독 선거하기로 결정됐어.

남한만의 단독 선거는 안 돼! 김구와 김규식은 ❽ ________ 추진하기 위해

북으로 건너가 노력했지만 남북 협상 실패했어.

정부 수립을 둘러싸고 제주 4 · 3 사건과 여수 · 순천 사건도 발생하지.

❷ 대한민국 정부의 수립

남한에서 ❶__________가 실시. ❷__________가 구성. 헌법이 제정됐어.

대통령으로 이승만이 선출되고 대한민국 정부가 수립.

제헌 국회, ❸__________ 설치

유상 매수 · 유상 분배의 원칙에 의거. ❹__________을 제정

반민 특위가 해체되고 친일파 청산 노력이 좌절됐어.

농지 개혁법으로 지주 계급 소멸됐어.

❸ 6 · 25 전쟁

남북이 대립하고 ❶__________으로 한국이 미국의 방위선에서 제외되자

1950년 6월 25일 북한이 남침해. 서울이 함락돼 낙동강 유역으로 후퇴.

하지만 ❷__________으로 승기 잡아. 서울을 수복하고 압록강 유역까지 진격했어.

그런데 ❸__________이 개입해. 전세가 역전돼. 서울이 다시 함락돼. ❹__________

38도선 부근에서 전선이 고착화됐어 휴전 협상이 전개됐어.

1953년 ❺__________이 체결돼. 지금까지~

암/기/송/문/제/정/답

1. ① 조선 건국 준비 위원회 ② 미 군정 ③ 모스크바 3국 외상 회의 ④ 신탁 통치 ⑤ 제 1차 미 · 소 공동회
   ⑥ 정읍 발언 ⑦ 좌우 합작 운동 ⑧ 남북 협상
2. ① 5 · 10 총선거 ② 제헌 국회 ③ 반민 특위 ④ 농지 개혁법
4. ① 애치슨 선언 ② 인천 상륙 작전 ③ 중국군 ④ 1 · 4 후퇴 ⑤ 휴전 협정

Step 5 핵심 문제를 통해 단원 마무리 짓기

실 / 전 / 문 / 제

1. OX 퀴즈

1. 우리는 일제의 식민 통치에서 벗어나 1945년 광복을 이룰 수 있었다. ( )
2. 소련군이 한반도 북부 지역을 점령하자 미국이 휴전선을 기준으로 한 분할 점령을 제안하였다. ( )
3. 38도선을 기준으로 한반도가 분단된 후 남쪽에는 미 군정, 북쪽에는 소 군정이 실시되었다. ( )
4. 제2차 세계 대전 후 모스크바 3국 외상 회의에서 한국의 독립 문제를 논의하였다. ( )
5. 신탁 통치 결정에 대해 박헌영 등 좌익 세력은 처음부터 끝까지 반대 운동을 벌였다. ( )
6. 미국은 임시 정부 수립을 위한 협의에 모든 사회 단체가 참여하도록 해야 한다고 주장하였다. ( )
7. 소련은 모스크바 3국 외상 회의 결정에 반대하는 우익 단체는 임시 정부 수립을 위한 협의에 참여하지 못하도록 해야 한다고 주장하였다. ( )
8. 유엔 총회는 인구 비례에 의해 남북한 총선거를 실시할 것을 결정하였다. ( )
9. 제주에서 단독 정부 수립에 반대하며 무장 봉기한 세력을 소 군정이 진압하면서 많은 제주 도민이 희생되었고, 소 군정에 대한 반감이 고조되었다. ( )
10. 정부 수립을 둘러싸고 제주 4 · 3 사건, 여수 · 순천 10 · 19 사건 등 갈등이 있었다. ( )

2. 빈칸 채우기

1. 광복 직후 여운형과 안재홍이 중심이 되어 건국 동맹을 계승한 (   )가 조직되었다.
2. 남쪽에서는 (   )이 직접 통치하며 한국인이 만든 모든 행정 조직을 인정하지 않았다.
3. 모스크바 3국 외상 회의 결과 한반도에서 최대 5년간 미국, 영국, 중국, 소련의 4개국이 (   )를 실시할 것을 결의하였다.
4. 임시 정부 수립을 위한 협의에 참여할 단체의 범위를 놓고 미국과 소련이 대립하면서 (   )는 결렬되었다.
5. 제1차 미 · 소 공동 위원회가 결렬되자 이승만은 (   )을 통해 남한만이라도 정부를 수립해야 한다고 주장하였다.
6. 여운형과 김규식이 중심이 되어 (   )를 결성하였다.

7 남북한 총선거 실시가 결정되었지만 북한과 소련이 입북을 거부하면서 선거 가능 지역인 (   )에서 총선거를 실시할 것을 결정하였다.

8 (   )을 진압하기 위해 여수 주둔 군부대에 출동 명령을 내렸으나 부대 내 좌익 세력이 출동에 반대하고 통일 정부 수립을 주장하며 여수 · 순천 일대를 점령하였다.

9 5 · 10 총선거 실시 이후 (   )를 구성하고 제헌 헌법을 제정하였다.

10 (   ) 정부의 소극적 태도, 국회 프락치 사건 등으로 반민족 행위 특별 조사 위원회가 해체되면서 친일파 처벌도 실패하였다.

3. 초성 퀴즈

1 제2차 세계 대전 후 전후 처리 문제를 논의하기 위해 모인 모스크바 3국 외상 회의의 3개 국가는?
…… ㅁㄱ, ㅇㄱ, ㅅㄹ (   )

2 모스크바 3국 외상 회의의 신탁 통치 결정에 반대 운동을 벌인 세력은? …… ㅇㅇ ㅅㄹ (   )

3 임시 정부 수립을 위한 협의 참여 단체에 대한 미 · 소의 이견이 좁혀지지 않자 미국은 한반도 문제를 어디에 이관하였나? …… ㅇㅇ (   )

4 남쪽의 김구, 김규식이 남북 협상을 위해 평양으로 가서 만난 북쪽 대표는? …… ㄱㅇㅅ (   )

5 남북 협상을 통해 통일 정부 수립, 남한 단독 선거 반대 등에 결의하였으나 누가 암살되면서 관계가 단절되었나? …… ㄱㄱ (   )

6 제헌 국회가 친일파를 처벌하기 위해 제정한 법은? …… ㅂㅁㅈ ㅎㅇ ㅊㅂㅂ (   )

7 제헌 국회가 실시한 농지 개혁법은 토지에 대한 어떤 원칙을 제시했나?
…… ㅇㅅ ㅁㅇ, ㅇㅅ ㅂㅂ (   )

8 농지 개혁법으로 경작자 중심의 토지 소유가 실현되면서 무엇이 소멸되었나? ㅈㅈㅈ (   )

9 미국의 태평양 방위선에서 한반도를 제외한다는 선언으로, 북한의 남침 배경이 되었던 것은?
…… ㅇㅊㅅ ㅅㅇ (   )

10 6 · 25 전쟁 중 38도선 부근에서 전선이 고착화되자 체결된 협정은? …… ㅎㅈ ㅎㅈ (   )

NOTE

실전 문제 정답

1 OX 퀴즈

1. O　2. X　3. O　4. O　5. X　6. O　7. O　8. O　9. X　10. O

2 빈칸 채우기

1. 조선 건국 준비 위원회　2. 미 군정　3. 신탁 통치　4. 제1차 미 · 소 공동 위원회　5. 정읍 발언
6. 좌우 합작 위원회　7. 남한　8. 제주 4 · 3 사건　9. 제헌 국회　10. 이승만

3 초성 퀴즈

1. 미국, 영국, 소련　2. 우익 세력　3. 유엔　4. 김일성　5. 김구　6. 반민족 행위 처벌법
7. 유상 매입, 유상 분배　8. 지주제　9. 애치슨 선언　10. 휴전 협정

6-2 자유 민주주의의 시련과 발전

Step 1 암기송을 통해 흐름 파악하기

Track 29

1 이승만 정부의 독재 정치와 4 · 19 혁명

이승만 정부와 자유당은 반공 통해 독재 체제를 강화시켜.

정부의 장기 집권 위해 발췌 개헌 통해 간선제를 직선제로 바꿔.

이승만의 반대 세력이 국회 의원에 대거 당선되면서
이승만의 재임이 어려워졌다.

중임 제한 철폐 위해 초대 대통령은 그런 거 없어! 사사오입 개헌.

초대 대통령의 3선 금지 조항을 없애는
개헌을 위해 반올림 논리를 적용하였다.

국가 보안법 앞세워 진보당을 해산시켜, 조봉암을 처형해.

혁신 세력이었던 진보당의 당수 조봉암에게 간첩 혐의를 적용하였다.

3 · 15 부정 선거 말도 안 돼! 학생들은 시위 운동 전개해.

마산 앞바다에 떠오른 김주열의 시신. 4 · 19 혁명 발생해.

이승만은 망명하고 자유당 정부 붕괴. 허정의 과도 정부 수립되고 **장면 정부 출범**했어.

이승만을 대통령으로, 이기붕을
부통령으로 선출하기 위해
선거를 조작하였다.

우리가 누리는 민주주의는

우리 아버지, 할아버지들의 땀과 피로

지금 우리가 누리는 민주주의는 결코 그냥 얻어진 것이 아냐.

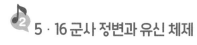

2 5 · 16 군사 정변과 유신 체제

5 · 16 군사 정변으로 박정희는 권력 장악해. 반공을 내세워.

국가 재건 최고 회의를 구성해. 언론 탄압하고 중앙 정보부를 창설.

이후 박정희 정부에 반대하는
인사들을 탄압하는 데 앞장섰다.

민주 공화당이 창당 박정희가 당선. 박정희 정부 성립했어.

경제 개발 자금을 확보하기 위해 한 · 일 협정 체결하려 해.

일본으로부터 후원금과 차관을 제공받았지만
과거사 문제를 해결하지 못하였다.

이에 반대하여 6 · 3 시위 발생했고 3선 개헌 통해 대통령 3회 연임하게 했어.

야당 후보였던 김대중을 누르고 당선되었다.

국민들이 민주주의를 요구하자 위기 느껴.

국가 안보와 경제 성장을 구실로 유신 체제 성립. 유신 헌법이 제정돼.

통일 주체 국민 회의에서 간선제로 대통령을 뽑고, 대통령의 권한 강화.

유신 반대 투쟁 발생. YH 무역 사건으로 기폭제가 돼.

부 · 마 항쟁 발생하고 10 · 26 사태를 끝으로 유신 체제 붕괴됐지.

중앙정보부장 김재규가 박정희 대통령을 살해하였다.

우리가 누리는 민주주의는
우리 아버지, 할아버지들의 땀과 피로
지금 우리가 누리는 민주주의는 결코 그냥 얻어진 것이 아냐.

3 5 · 18 민주화 운동과 6월 민주 항쟁

전두환 중심으로 등장한 신군부는 12 · 12 사태로 권력 장악해.
전두환을 중심으로 한 신군부 세력이 쿠데타를 일으켰다.

학생들은 민주화 운동 전개해.

(서울의 봄) 신군부의 계엄령이 확대, 광주에서 5 · 18 민주화 운동이 전개.
광주의 시민들이 신군부에 저항하면서 민주화를 요구하였다.

국가 보위 비상 대책 위원회가 구성, 전두환 정부 성립돼.
정치적 반대 세력을 숙청하고 삼청 교육대를 설치하였다.

탁 하고 치니 억 하고 죽어?

박종철 고문 치사 사건, 4 · 13 호헌 조치 발표로
전두환은 일체의 개헌 논의를 중지시키고 현행 헌법을 유지하려 하였다.

6월 민주 항쟁이 발생. 직선제 요구 수용하는 6 · 29 민주화 선언 받아내.
직선제 개헌과 전두환 정권의 퇴진을 요구하였다.

그렇게 민주주의는 발전해.

우리가 누리는 민주주의는
우리 아버지, 할아버지들의 땀과 피로
지금 우리가 누리는 민주주의는 결코 그냥 얻어진 것이 아냐.

Step 2 개념 잡고 한국사 달인 되기

1 이승만 정부의 독재 정치와 4 · 19 혁명

1. 이승만 정부의 장기 독재 체제 구축

(1) 발췌 개헌(1952)

① 재집권 목적

② 이승만 반대 세력이 국회 의원에 대거 당선 → 국회의 간선제를 통한 이승만의 재선이 어려워짐 → 자유당 창당, 간첩 혐의를 조작하여 개헌에 반대하는 국회 의원 구속 → 발췌 개헌안(대통령 간선제 → 직선제) 국회 통과 → 이승만 대통령에 당선

(2) 사사오입 개헌(1954)

① 중임 제한 철폐 목적

② 초대 대통령에 한해 3선 금지 조항을 없애는 개헌안 제출(1표 차로 부결) → 사사오입(반올림) 논리를 적용하여 개헌안 통과 선언 → 이승만 대통령 연임에 성공

(3) 독재 체제 강화

① 반공을 내세워 반대 세력 탄압

② 진보당 사건(1958) : 조봉암(진보당 창당)을 간첩 혐의로 처형

③ 국가 보안법 개정 : 보안법의 적용 대상 확대 → 정부에 반대하는 세력 탄압

④ 경향신문 폐간 : 정부에 비판적인 언론 억압

■ 발췌 개헌안(1952. 7. 7.)

제31조 입법권은 국회가 행한다. 국회는 민의원과 참의원으로써 구성한다.

제53조 대통령과 부통령은 국민의 보통, 평등, 직접, 비밀 투표에 의하여 각각 선거한다.

부칙 이 헌법은 공포한 날로부터 시행한다. 단, 참의원에 관한 규정과 참의원의 존재를 전제로 한 규정은 참의원이 구성된 날로부터 시행한다.

■ 헌법 제3호(사사오입 개헌안, 1954. 11. 29.)

제31조 입법권은 국회가 행한다. 국회는 민의원과 참의원으로써 구성한다.

제55조 대통령과 부통령의 임기는 4년으로 한다. 단, 재선에 의하여 1차 중임 할 수 있다. 대통령이 궐위된 때에는 부통령이 대통령이 되고 잔임 기간 중 재임한다.

부칙 이 헌법 공포 당시의 대통령에 대하여는 제55조 제1항 단서의 제한을 적용하지 아니한다.

■ 국가 보안법(1958년 개정)

- 허위 사실을 발설하거나 유포한 자는 5년 이하의 징역에 처한다.
- 대통령, 국회 의장, 대법원장을 비난한 자는 10년 이하 징역에 처한다.

---

2. 4 · 19 혁명

(1) 배경

① 이승만 정부의 독재 정치

② 3 · 15 부정 선거(1960) : 자유당이 대통령에 이승만, 부통령에 이기붕을 당선시키기 위해 사전 투표, 대리 투표, 투표함 바꿔치기 등 부정 행위를 저지름

(2) 전개

① 마산 시위 : 3 · 15 부정 선거 규탄 시위 → 경찰의 발포로 사상자 발생 → 김주열 학생의 시신 발견 → 전국으로 시위 확산

② 대학 교수들의 시국 선언 : 시위자를 향한 경찰의 총격 및 정부의 계엄령 선포 → 대학 교수들의 시국 선언문 발표, 이승만 대통령의 퇴진 요구 → 이승만 대통령의 하야 및 미국 망명

(3) 결과

① 이승만 독재 체제 붕괴(자유당 정부 붕괴)

② 헌법 개정(양원제 의회 구성, 내각 책임제) → 장면 내각 수립

3 · 15 마산 시위

4 · 25 교수단 시위

3. 장면 내각

(1) **허정 과도 정부 성립 → 제2공화국 장면 내각**(대통령 - 윤보선, 국무총리 - 장면)

(2) **활동** : 경제 개발 계획 수립, 민주화를 위한 각종 규제 완화 등

(3) **한계** : 민주화 요구, 부정 선거 책임자와 부정 축재자 처벌, 통일 논의에 소극적

2 5 · 16 군사 정변과 유신 체제

1. 5 · 16 군사 정변(1961)

(1) **발생** : 박정희 중심의 일부 군인들이 군사 정변을 일으킴 → 반공, 경제 개발을 내세워 혁명 공약 발표

(2) **군정** : 국가 재건 최고 회의 구성 → 언론 탄압, 중앙 정보부 창설, 부정 축재자 처벌 등

(3) **박정희 정부의 성립** : 민주 공화당 창당 → 대통령 중심제, 단원제 국회로 개헌 → 민주 공화당 후보로 출마한 박정희가 대통령 선거에서 당선(1963)

2. 박정희 정부

(1) **한 · 일 협정 체결(1965)**

① 배경 : 경제 개발에 필요한 자금을 확보하기 위해

② 6 · 3 시위(1964) : 한 · 일 회담을 추진하자 이에 반대하여 야당, 학생, 시민의 반대 시위 → 정부의 시위 탄압

③ 한 · 일 협정 체결 : 일본으로부터 독립 축하금 명목의 후원금과 차관을 제공받음, 식민지 지배에 대한 사과 등 과거사 문제[1]를 해결하지 못함

(2) **3선 개헌**

① 배경 : 박정희 대통령의 장기 집권 추구 → 3선 개헌안 추진(대통령의 3회 연임 허용)[2]

② 전개 : 3선 개헌안 통과(1969) → 박정희가 대통령에 당선(3선 성공) → 독재 강화

3. 유신 체제

(1) **유신 체제의 성립(1972)**

① 배경 : 미국의 닉슨 독트린 발표(냉전 체제 완화), 국내 경제 위축, 국민들의 민주주의 요구(3선 개헌에 대한 국민들의 불만) → 박정희 정부의 위기 의식 고조

② 성립 : 국가 안보와 경제 성장을 구실로 10월 유신 단행(유신 헌법 제정)

③ 유신헌법

장기 독재 추구	대통령 임기 6년, 중임 제한 철폐, 통일 주체 국민 회의에서 간선제로 대통령 선출
대통령의 권한 극대화	긴급조치권 부여, 국회 의원 3분의 1 임명권, 국회 해산권, 대법원장 및 헌법 위원회 위원장 인사권 부여

1 과거사 문제 : 일본군 위안부 · 징병 및 징용 · 원폭 피해자 등에 대한 배상 문제, 약탈 문화재 반환 등

2 3선 개헌안 추진 : 박정희 대통령은 반공과 경제 발전을 구실로 3선 개헌을 추진하였다.

■ 유신 헌법(1972. 12. 27.)

제39조 대통령은 통일 주체 국민 회의에서 토론 없이 무기명 투표로 선거한다.

제40조 통일 주체 국민 회의는 국회 의원 정수의 1/3에 해당하는 수의 국회 의원을 선거한다.

제53조 대통령은 천재지변 또는 중대한 재정 · 경제상의 위기에 처하거나 국가의 안전 보장 또는 공공의 안녕 질서가 중대한 위협을 받거나 받을 우려가 있어, 신속한 조치를 할 필요가 있다고 판단할 때에는 내정 · 외교 · 국방 · 경제 · 재정 · 사법 등 국정 전반에 걸쳐 필요한 긴급 조치를 할 수 있다.

(2) 유신 체제의 붕괴(1979)

① 유신 반대 세력 탄압 : 김대중 납치 사건, 민청학련 사건[3], 인혁당 사건[4] 등

② 유신 체제의 붕괴 : YH 무역 사건, 부 · 마 민주 항쟁 → 10 · 26 사태(중앙 정보부장 김재규에 의해 박정희 사망)

3 5 · 18 민주화 운동과 6월 민주 항쟁

1. 5 · 18 민주화 운동(1980)

(1) 신군부의 등장

① 12 · 12 사태(1979) : 전두환을 중심으로 한 신군부 세력이 쿠데타로 권력 장악

② 서울의 봄(1980) : 학생과 시민들의 민주화 운동 전개(계엄령 철폐, 유신 헌법 폐지, 신군부 세력 퇴진 등 요구)

(2) 5 · 18 민주화 운동

① 전개 : 신군부의 비상 계엄 전국 확대 → 광주 학생들의 저항 시위 → 계엄군의 과잉 진압 → 시민군 조직 → 계엄군의 무력 진압

② 의의 : 1980년대 민주화 운동의 토대, 5 · 18 민주화 운동 기록물이 유네스코 세계 기록 유산에 등재

(3) 전두환 정부의 성립

① 국정 장악 : 국가 보위 비상 대책 위원회 설치 → 정치적 반대 세력 숙청, 삼청 교육대 설치[5]

3 민청학련 사건(1974) : 전국 민주 청년 학생 총연맹(민청학련)을 중심으로 180명의 학생들이 국가를 전복시키고 공산 정권을 수립하려 했다는 혐의로 구속, 기소된 사건이다.

4 인혁당 사건 : 중앙 정보부가 국가 변란을 목적으로 북한의 지령을 받아 조직된 대규모 지하 조직인 인민 혁명당(인혁당)을 적발했다며 혁신계 인사와 언론인, 교수, 학생 등을 검거한 사건이다.

5 삼청 교육대 설치 : 1980년 비상 계엄 발령 후 국가 보위 비상 대책 위원회가 사회 정화를 명분으로 군부대 내에 설치한 기관이다. 그러나 실제로는 불량배를 소탕한다는 구실로 무고한 사람까지 검거하여 가혹 행위를 자행하였다.

② 정부의 성립 : 통일 주체 국민 회의를 통해 제11대 대통령에 당선(1980) → 선거인단에 의한 7년 단임의 대통령 간선제 개헌 → 제12대 대통령에 당선(1981)

③ 정책

강압 통치	언론사 통폐합(→ 언론 억압), 민주화 요구 탄압
유화 정책	야간 통행 금지 해제, 해외 여행 자유화, 두발과 교복 자율화, 프로 야구단 창단

2. 6월 민주 항쟁(1987)

(1) **전개** : 민주화, 직선제 개헌 운동 본격화 → 부천 경찰서 성 고문 사건, 박종철 고문치사 사건[6] → 4 · 13 호헌 조치(정부의 직선제 개헌 논의 금지) → 천주교 정의 구현 사 제단의 박종철 사망 원인 폭로, 이한열 최루탄 피격(뇌사 상태) → 6월 민주 항쟁

(2) **결과** : 6 · 29 민주화 선언 발표 → 차기 대통령 후보로 내정된 노태우를 통해 5년 단임의 직선제 개헌

■ 6 · 29 민주화 선언

첫째, 여야 합의 하에 조속히 대통령 직선제 개헌을 하고 새 헌법에 의해 대통령 선거로 88년 2월 평화적 정부 이양을 실현토록 하겠습니다. …… 국민은 나라의 주인이며, 국민의 뜻은 모든 것에 우선하는 것입니다.

둘째, 최대한의 공명 정대한 선거 관리가 이루어져야 합니다.

셋째, 극소수를 제외한 모든 시국 관련 사범들은 석방되어야 합니다.

– 민주 정의당 대표 노태우(1987. 6. 29.)

6 박종철 고문치사 사건 : 1987년 대학생 박종철이 경찰의 고문을 받다가 사망한 사건으로, 책상을 탁 하고 치니 억 하고 죽었다며 경찰이 이 사건을 은폐하려 하였으나 결국 사건의 전모가 폭로되었다.

4 직선제 개헌 이후의 정부[7]

노태우 정부	• 여소야대의 정국 타개 노력 : 3당 합당 → 민주 자유당 창당 • 지방 자치제 제한적 실시, 서울 올림픽 개최(1988) • 동유럽 및 소련 · 중국과 국교, 북한과 유엔 동시 가입
김영삼 정부	• 문민 정부, 지방 자치제 전면 실시, 공직자 윤리법 제정(고위 공직자 재산 등록 의무화), 금융 실명제 실시, '역사 바로 세우기' 진행[7] • 경제 협력 개발 기구(OECD) 가입, 외환 위기로 국제 통화 기금(IMF)에 지원 요청
김대중 정부	• 최초의 평화적 여야 정권 교체, 국제 통화 기금 지원금 조기 상환(기업 구조 조정, 노사정 위원회 설립 등) • 여성부 신설, 국민 기초 생활 보장법 제정, 제주 4 · 3 사건 진상 조사 • 대북 화해 협력 정책(햇볕 정책), 최초로 남북 정상 회담 개최(6 · 15 남북 공동 선언 발표, 2000) → 노벨 평화상 수상
노무현 정부	• 참여 정부, 권위주의 청산 추구 • 대북 지원과 협력 사업 지속, 제2차 남북 정상 회담(2007)
이명박 정부	자유 무역 협정(FTA) 성사(열린 시장 추구), G20 정상 회의 개최

NOTE

7 역사 바로 세우기 진행 : 김영삼 정부는 1995년 12 · 12 사태 및 5 · 18 민주화 운동 진압 관련자들을 반란 및 내란죄 혐의로 구속, 재판했다. 이에 따라 전두환과 노태우 전 대통령 등이 구속되었다.

Step 3 표를 통해 단원 복습하기

1. 이승만 정부의 독재 정치와 4 · 19 혁명

이승만 정부의 독재 정치	발췌 개헌 (1952)	이승만 반대 세력이 국회 의원에 대거 당선 → 국회의 간선제를 통한 이승만의 재선이 어려워짐 → 발췌 개헌안(직선제 개헌안) 국회 통과 → 이승만 대통령에 당선
	사사오입 개헌 (1954)	초대 대통령에 한해 3선 금지 조항을 없애는 개헌안 제출(1표 차로 부결) → 사사오입 논리를 적용하여 개헌안 통과 선언
	독재 체제 강화	• 반공을 내세워 반대 세력 탄압 • 진보당 사건 : 조봉암을 간첩 혐의로 처형 • 국가보안법 개정 : 보안법의 적용 대상 확대 • 경향신문 폐간 : 정부에 비판적인 언론 억압
4 · 19 혁명	배경	3 · 15 부정 선거(1960)
	전개	• 마산 시위 : 3 · 15 부정 선거 규탄 시위 → 김주열 학생의 시신 발견 → 전국적 시위 확산 • 대학 교수들의 시국 선언 : 이승만 대통령의 퇴진 요구 → 이승만 대통령의 하야
	결과	• 이승만 독재 체제 붕괴(자유당 정부 붕괴) • 헌법 개정(양원제 의회 구성, 내각 책임제) → 장면 내각
장면 내각	• 활동 : 경제 개발 계획 수립, 민주화를 위한 각종 규제 완화 등 • 한계 : 민주화 요구, 부정 선거 책임자와 부정 축재자 처벌, 통일 논의에 소극적	

2. 5 · 16 군사 정변과 유신 체제

<table>
<tr><td>5 · 16 군사 정변
(1961)</td><td colspan="2">• 정변 : 박정희 중심의 일부 군인들이 군사 정변을 일으킴
• 군정 : 국가 재건 최고 회의 구성(언론 탄압, 중앙 정보부 창설 등)
• 박정희 정부의 성립 : 민주 공화당 창당 → 대통령 중심제, 단원제 국회로 개헌</td></tr>
<tr><td rowspan="2">박정희 정부</td><td>한 · 일 협정
(1965)</td><td>• 배경 : 경제 개발에 필요한 자금 확보 목적
• 6 · 3 시위(1964) : 한 · 일 회담에 반대하여 야당, 학생, 시민의 반대 시위
• 협정 체결 : 일본으로부터 독립 축하금 명목의 후원금과 차관을 제공받음, 식민지 지배에 대한 사과 등 과거사 문제를 해결하지 못함</td></tr>
<tr><td>3선 개헌</td><td>• 배경 : 박정희 대통령의 장기 집권 추구
• 전개 : 3선 개헌안 통과 → 박정희가 대통령에 당선(3선 성공)</td></tr>
<tr><td>유신 체제</td><td colspan="2">• 유신 체제의 성립(1972)
<table>
<tr><td>배경</td><td>미국의 닉슨 독트린 발표(냉전 체제 완화), 국내 경제 위축, 국민들의 민주주의 요구
→ 박정희 정부의 위기 의식 고조</td></tr>
<tr><td>성립</td><td>10월 유신 단행(유신 헌법 제정)</td></tr>
<tr><td>유신 헌법</td><td>• 장기 독재 추구 : 대통령 임기 6년, 중임 제한 철폐, 통일 주체 국민 회의에서 간선제로 대통령 선출
• 대통령의 권한 극대화 : 긴급 조치권 부여, 국회 의원 3분의 1 임명권, 국회 해산권</td></tr>
</table>• 유신 체제의 붕괴(1979) : YH 무역 사건, 부 · 마 민주 항쟁 → 10 · 26 사태</td></tr>
</table>

3. 5 • 18 민주화 운동과 6월 민주 항쟁

<table>
<tr><td rowspan="6">5 · 18 민주화 운동
(1980)</td><td colspan="2">• 신군부의 등장 : 12 · 12 사태로 전두환을 중심으로 한 신군부 세력이 권력 장악 → 서울의 봄(학생과 시민들의 민주화 운동 전개)
• 5 · 18 민주화 운동</td></tr>
<tr><td>전개</td><td>신군부의 비상 계엄 전국 확대 → 광주 학생들의 저항 시위 → 계엄군의 과잉 진압 → 시민군 조직 → 계엄군의 무력 진압</td></tr>
<tr><td>의의</td><td>1980년대 민주화 운동의 토대, 5 · 18 민주화 운동 기록물이 유네스코 세계 기록 유산에 등재</td></tr>
<tr><td colspan="2">• 전두환 정부의 성립</td></tr>
<tr><td>정부의 성립</td><td>국가 보위 비상 대책 위원회 설치 → 삼청 교육대 설치 → 통일 주체 국민 회의를 통해 대통령에 당선 → 7년 단임의 대통령 간선제 개헌 → 대통령에 당선</td></tr>
<tr><td>정책</td><td>• 강압 통치 : 언론사 통폐합, 민주화 요구 탄압
• 유화 정책 : 야간 통행 금지 해제, 해외 여행 자유화, 두발과 교복 자율화, 프로 야구단 창단</td></tr>
<tr><td>6월 민주 항쟁
(1987)</td><td colspan="2">박종철 고문치사 사건 → 4 · 13 호헌 조치(정부의 직선제 개헌 논의 금지) → 6월 민주 항쟁 → 6 · 29 민주화 선언 발표(노태우, 5년 단임의 직선제 개헌)</td></tr>
</table>

4. 직선제 개헌 이후의 정부

노태우 정부	• 3당 합당 → 민주 자유당 창당 • 서울 올림픽 개최 • 동유럽 및 소련 · 중국과 국교, 북한과 유엔 동시 가입
김영삼 정부	• 지방 자치제 전면 실시, 금융 실명제 실시, '역사 바로 세우기' 진행 • 경제 협력 개발 기구(OECD) 가입, 외환 위기로 국제 통화 기금(IMF)에 지원 요청
김대중 정부	• 최초의 여야 정권 교체, 국제 통화 기금 지원금 조기 상환 • 여성부 신설, 국민 기초 생활 보장법 제정 • 대북 화해 협력 정책(햇볕 정책), 최초로 남북 정상 회담 개최(6 · 15 남북 공동 선언 발표, 2000)
노무현 정부	• 권위주의 청산 추구 • 제2차 남북 정상 회담(2007)
이명박 정부	자유 무역 협정(FTA) 성사(열린 시장 추구), G20 정상 회의 개최

Step 4 암기송을 들으며 가사 완성하기

Track 29

1 이승만 정부의 독재 정치와 4 · 19 혁명

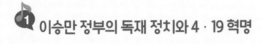

이승만 정부와 ❶______은 반공 통해 독재 체제를 강화시켜.

정부의 장기 집권 위해 ❷________ 통해 간선제를 ❸______로 바꿔.

중임 제한 철폐 위해 초대 대통령은 그런 거 없어! ❹__________.

국가 보안법 앞세워 ❺______을 해산시켜, 조봉암을 처형해.

❻______________ 말도 안 돼! 학생들은 시위 운동 전개해.

마산 앞바다에 떠오른 김주열의 시신. ❼___________ 발생해.

이승만은 망명하고 자유당 정부 붕괴.

허정의 과도 정부 수립되고 장면 ❽________했어.

우리가 누리는 민주주의는

우리 아버지, 할아버지들의 땀과 피로

지금 우리가 누리는 민주주의는 결코 그냥 얻어진 것이 아냐.

❷ 5 · 16 군사 정변과 유신 체제

❶ ______________으로 박정희는 권력 장악해. 반공을 내세워.

❷ ______________를 구성해. 언론 탄압하고 ❸ ____________를 창설.

❹ ____________이 창당 박정희가 당선. 박정희 정부 성립했어.

경제 개발 자금을 확보하기 위해 ❺ _________ 체결하려 해.

이에 반대하여 6 · 3 시위 발생했고 ❻ _________ 통해 대통령 3회 연임하게 했어.

국민들이 민주주의를 요구하자 위기 느껴.

국가 안보와 경제 성장을 구실로 ❼ _________ 성립. 유신 헌법이 제정돼.

❽ ______________에서 간선제로 대통령을 뽑고, 대통령의 권한 강화.

유신 반대 투쟁 발생. YH 무역 사건으로 기폭제가 돼.

❾ _________ 발생하고 10 · 26 사태를 끝으로 유신 체제 붕괴됐지.

우리가 누리는 민주주의는

우리 아버지, 할아버지들의 땀과 피로

지금 우리가 누리는 민주주의는 결코 그냥 얻어진 것이 아냐.

❸ 5 · 18 민주화 운동과 6월 민주 항쟁

전두환 중심으로 등장한 ❶______는 12 · 12 사태로 권력 장악해.

학생들은 민주화 운동 전개해.

(서울의 봄) 신군부의 계엄령이 확대, 광주에서 ❷______________이 전개.

❸________________가 구성, 전두환 정부 성립돼.

탁 하고 치니 억 하고 죽어?

❹_____ 고문 치사 사건, 4 · 13 호헌 조치 발표로

❺__________이 발생. 직선제 요구 수용하는 ❻______________ 받아내.

그렇게 민주주의는 발전해.

우리가 누리는 민주주의는
우리 아버지, 할아버지들의 땀과 피로
지금 우리가 누리는 민주주의는 결코 그냥 얻어진 것이 아냐.

암/기/송/문/제/정/답

1. ① 자유당 ② 발췌 개헌 ③ 직선제 ④ 사사오입 개헌 ⑤ 진보당 ⑥ 3 · 15 부정 선거 ⑦ 4 · 19 혁명 ⑧ 장면 정부
2. ① 5 · 16 군사정변 ② 국가 재건 최고 회의 ③ 중앙 정보부 ④ 민주 공화당 ⑤ 한 · 일 협정 ⑥ 3선 개헌 ⑦ 유신 체제 ⑧ 통일 주체 국민 회의 ⑨ 부 · 마 항쟁
3. ① 12 · 12 사태 ② 5 · 18 민주화 운동 ③ 국가 보위 비상 대책 위원회 ④ 박종철 ⑤ 6월 민주 항쟁 ⑥ 6 · 29 민주화 선언

Step 5 핵심 문제를 통해 단원 마무리 짓기

실 / 전 / 문 / 제

1. OX 퀴즈

1 국회 간선제로 재선이 어려워진 이승만 대통령은 발췌 개헌을 통해 대통령에 당선되었다. ( )

2 이승만 대통령은 초대 대통령에 한해 3선 금지 조항을 추가하는 개헌안을 제출하였다. ( )

3 이승만 대통령은 경향신문을 폐간하는 등 정부에 비판적인 언론을 탄압하였다. ( )

4 마산에서 시작된 3 · 15 부정 선거 규탄 시위는 김주열 학생의 시신이 발견되면서 전국으로 확산되었다. ( )

5 박정희 중심의 일부 군인들이 12 · 12 사태를 일으켜 정권을 잡았다. ( )

6 박정희 정부가 한 · 일 회담을 추진하자 이에 반대하여 6 · 3 시위가 일어났다. ( )

7 한 · 일 협정으로 식민지 지배에 대한 사과 등 과거사 문제를 해결하지 못하였다. ( )

8 미국의 닉슨 독트린 발표, 국민들의 3선 개헌에 대한 불만 등으로 위기 의식이 고조되자 박정희 정부는 10월 유신을 단행하였다. ( )

9 1980년 학생과 시민들은 계엄령 철폐, 유신 헌법 폐지, 신군부 세력 퇴진 등을 요구하며 민주화 운동을 전개하였다. ( )

10 김영삼 정부는 서울 올림픽을 개최하고 지방 자치제를 제한적으로 실시하였다. ( )

2. 빈칸 채우기

1 발췌 개헌안은 대통령 간선제에서 ( )로의 개헌안이었다.

2 이승만 대통령은 중임 제한을 없애기 위해 ( ) 개헌을 통해 대통령 연임에 성공하였다.

3 이승만 대통령은 독재 체제를 강화하기 위해 ( )을 개정하여 보안법의 적용 대상을 확대하였다.

4 이승만 정부는 대통령에 이승만, 부통령에 이기붕을 당선시키기 위해 ( ) 부정 선거를 저질렀다.

5 정권을 잡은 박정희는 ( )를 창설하여 군정 비판 세력을 탄압하였다.

6 박정희 대통령은 장기 집권을 위해 대통령의 3회 연임을 허용한 ( )을 통해 대통령에 다시 당선되었다.

7 박정희 정부는 (   )을 제정하여 대통령의 임기를 6년으로 하고, 중임 제한을 철폐하는 등 장기 독재를 추구하였다.

8 5 · 18 민주화 운동을 진압한 전두환 정부는 (   )를 설치하여 정치적 반대 세력을 숙청하는 등 국정을 장악하였다.

9 6월 민주 항쟁 결과 전두환 정부는 6 · 29 민주화 선언을 발표하여 5년 단임의 (   ) 개헌을 약속하였다.

10 (   ) 정부는 금융 실명제를 실시하고, 역사 바로 세우기를 진행하였다.

3. 초성 퀴즈

1 이승만 대통령이 반대 세력을 탄압하기 위해 조봉암을 간첩 혐의로 처형한 사건은?

.... ㅈㅂㄷ ㅅㄱ (   )

2 4 · 19 혁명으로 이승만 독재 체제가 붕괴하고, 어떤 정부가 수립되었나?

.... ㅈㅁ ㄴㄱ (   )

3 박정희 정부가 경제 개발에 필요한 자금을 확보하기 위해 일본과 체결한 것은?

.... ㅎ · ㅇ ㅎㅈ (   )

4 박정희 대통령은 대통령의 권한을 극대화하기 위해 대통령에게 무엇을 해산할 수 있는 권리를 주었나? .... ㄱㅎ (   )

5 박정희 정부 시절 중앙 정보부가 국가 변란을 목적으로 북한의 지령을 받아 조직된 대규모 지하 조직인 인민혁명당을 적발했다며 혁신계 인사와 언론인, 교수, 학생 등을 검거한 사건은?

.... ㅇㅎㄷ ㅅㄱ (   )

6 12 · 12 사태를 일으켜 권력을 장악한 신군부 세력의 핵심 인물은? .... ㅈㄷㅎ (   )

7 1980년 비상 계엄 발령 후 국가 보위 비상 대책 위원회가 사회 정화를 명분으로 군부대 내에 설치한 기관은? .... ㅅㅊㄱㅇㄷ (   )

8 전두환 정부는 유화 정책으로 야간 통행 금지를 해제하고, 스포츠 부분에서 무엇을 창단하였나?

.... ㅍㄹ ㅇㄱㄷ (   )

9 햇볕 정책을 실시하여 대북 화해 협력을 추진하고, 최초로 남북 정상 회담을 개최한 대통령은?

.... ㄱㄷㅈ (   )

10 참여 정부를 추구하며 권위주의의 청산을 추구하고, 제2차 남북 정상 회담을 개최한 대통령은?

.... ㄴㅁㅎ (   )

NOTE

실전 문제 정답

1 OX 퀴즈

1. O 2. X 3. O 4. O 5. X 6. O 7. O 8. O 9. O 10. X

2 빈칸 채우기

1. 직선제 2. 사사오입 3. 국가 보안법 4. 3 · 15 5. 중앙 정보부 6. 3선 2개헌
7. 유신 헌법 8. 국가 보위 비상 대책 위원회 9. 직선제 10. 김영삼

3 초성 퀴즈

1. 진보당 사건 2. 장면 내각 3. 한 · 일 협정 4. 국회 5. 인혁당 사건 6. 전두환
7. 삼청 교육대 8. 프로 야구단 9. 김대중 10. 노무현

6-3 경제 발전과 통일을 위한 노력

Step 1 암기송을 통해 흐름 파악하기

Track 30

1 경제 발전

6 · 25 전쟁 이후 경제적으로 무너진 우리는 미국의 원조를 받아 삼백 산업이 발달해.

제당 · 제분 · 면방직 공업을 지칭한다.

1960년대 박정희 정부는 경제 개발 5개년 계획을 실시해.

제1차 경제 개발 계획은 노동 집약적인 산업을 육성.

의류 · 신발 · 합판 등 노동 집약적 산업을 육성하여 수출을 도모했다.

2차는 베트남 전쟁 특수. 경부 고속 국도가 개통됐어.

1970년대 제3차, 4차 경제 개발 계획은 중화학 공업 육성.

기계 · 조선 · 석유화학 · 철강 등 중화학 공업을 육성했다.

석유 파동에 따른 위기 있었지만 극복했어.

농촌 개발을 위해 새마을 운동도 전개.

근면 · 자조 · 협동을 강조하는 의식 개혁 운동으로 확대되었다.

수출이 증가하고 1977년 100억 달러 달성. 한강의 기적을 이뤄냈지.

이건 결코 혼자 이뤄낼 수 없었던 우리 아버지네들의 이야기.

근로 기준법을 준수하라 절규했던 전태일의 추락.

노동 문제에 대한 관심을 불러일으키는 계기가 되었다.

1980년대 전두환 정부 때 저유가, 저달러, 저금리의 3저 호황

김영삼 정부 때 OECD에 가입하지. 금융 실명제를 실시해. 하지만 IMF 외환 위기에 직면해.

김대중 정부 때 극복. 2000년대 이후 첨단 산업 발전. 미국과 FTA 체결해.

구조 조정과 금 모으기 운동 등으로 IMF 지원 자금을 조기 상환하였다.

2 통일을 위한 노력

1970년대 냉전이 완화되자 남과 북은 서로 만나 남북 적십자 회담이 개최되고,

자주, 평화, 민족 대단결에 합의하는 7 · 4 남북 공동 성명을 발표.

1991년 남북한은 동시에 UN에 가입해. 남북 기본 합의서를 채택해.
남북한 상호 체제 인정과 상호 불가침에 합의하였다.

김대중 정부의 햇볕 정책으로 금강산 관광 이루어지고
대북 화해 협력 정책이다.

정주영은 소 떼를 몰고 방북해.

2000년 남북 정상 회담 개최돼 6 · 15 남북 공동 선언 발표.

개성 공업 단지 조성되기 시작하고 2007년에

제 2차 남북 정상 회담 개최, 10 · 4 남북 공동 선언 발표돼.

Step 2 개념 잡고 한국사 달인 되기

1 경제 발전

1. 전후 복구와 원조 경제

(1) 전후 복구

① 산업 시설 복구

② 귀속 재산과 원조 물자를 민간에 불하 : 특정 기업에 혜택 집중 → 정경 유착[1] 문제 발생(점차 재벌 형성)

(2) 원조 경제

① 미국의 경제 원조 : 농산물, 면화 · 설탕 · 밀가루(삼백 산업) 등 소비재 산업 원료 위주 → 식량 문제 해결, 미국 농산물 대량 수입으로 농산물 가격 폭락

② 경제 위기 : 1950년대 말 미국의 경제 원조 축소 및 유상 차관으로 전환 → 기업 도산, 실업률 상승

2. 경제 개발 5개년 계획

(1) 제1, 2차 경제 개발 5개년 계획

제1차 경제 개발 5개년 계획 (1962~1966)	• 수출 위주의 경제 성장 추구 : 노동 집약적 산업 육성(의류, 신발, 합판 등)
제2차 경제 개발 5개년 계획 (1967~1971)	• 베트남 특수 : 경제 개발 자금 확보(빠른 경제 성장, 수출 증대) ■ 베트남 전쟁 파병 • 브라운 각서 체결 : 미국이 베트남 전쟁 파병 대가로 한국에 경제 원조 • 결과 : 경제 성장의 발판 마련 ↔ 많은 젊은이의 희생 및 부상(고엽제 후유증 등, 베트남 민간인 희생, 한국인 혼혈(라이따이한) • 사회 간접 자본 확충 : 경부 고속 국도 개통(1968)

1 정경 유착 : 정치인과 경영인이 서로의 이익을 위해 밀착된 관계를 갖는 것을 말한다.

경부 고속 도로 준공

베트남 파병

(2) 제3 · 4차 경제 개발 5개년 계획(1972~1981)

① 내용

- 중화학 공업 육성 : 포항 제철을 중심으로 대규모 중화학 공업 단지 건설 → 1차 산업 비중 축소, 2 · 3차 산업의 비중 증가 → 1970년대 말 중화학 공업 비중이 경공업 비중 추월
- 한강의 기적 : 수출 증가 → 수출액 100억 달러 달성
- 서독에 광부와 간호사 파견 : 외화 수입

② 석유 파동에 따른 위기

제1차 석유 파동(1973)	중동 건설 사업에 우리 기업이 대거 참여하여 벌어온 달러로 극복
제2차 석유 파동(1978)	중화학 공업에 대한 과잉 투자로 국가 재정 위기 가속, 중화학 공업 성장 둔화 → 기업 도산, 경제 성장률 감소

서독에 광부 파견

수출 100억 불 달성

(3) 경제 성장 과정의 문제점

① 성장 위주의 경제 정책 : 경제의 대외 의존도 심화, 고도 성장의 혜택 편중

② 대기업 중심의 지원 정책 : 재벌 중심의 기업 문화 형성, 정경 유착 발생

③ 급격한 도시화와 산업화 : 빈부 격차, 도시와 농어촌 간의 소득 격차, 노동 문제, 농촌 문제, 도시 문제 등

3. 1980년대 이후의 경제 변화

(1) 시장 개방

① 관세 및 무역에 관한 일반 협정(GATT) : 공산품에 한해 무역 장벽 제거

② 세계 무역 기구(WTO) 출범(1995) : 선진 자본주의 국가 7개국(G7[2])의 자유 무역 확대 → WTO는 150여 회원국에 국가 간 자유 무역 협정(FTA) 체결 강요로 시장 개방 압력

(2) 우리나라의 경제 변화

전두환 정부	3저 호황 : 1980년대 후반, 저유가 · 저금리 · 저달러 현상 → 고도 성장
김영삼 정부	• 경제 협력 개발 기구(OECD) 가입(1996) • 금융 실명제 실시 • 외환 위기(1997) : 금융 기관 부실, 대기업의 방만한 기업 운영(한보 사태 등) 등 → 외환 위기 → 국제 통화 기금(IMF)의 긴급 구제 금융 지원
김대중 정부	공기업 구조 조정, 일부 은행과 대기업 매각, 노사정 위원회 구성, 금 모으기 운동 등 → 국제 통화 기금(IMF)의 지원금 조기 상환
노무현 정부	미국과 자유 무역 협정(FTA) 체결, 독점 기업에 대한 규제 강화, 빈부 격차 해소 노력
이명박 정부	친 기업적 경제 성장 정책 : 부자 감세, 기업 규제 완화 → 소득 불균형 심화

경제 협력 개발 기구(OECD) 가입

금 모으기 운동

2 G7 : 미국, 영국, 독일, 프랑스, 이탈리아, 일본, 캐나다

4. 현대 사회의 변화

(1) 산업화와 도시화 : 도시 문제 발생(도시로 인구 이동 → 주택 부족, 교통 문제, 환경 문제, 도시 빈민 등)

(2) 농촌의 변화

① 농촌 문제 : 도시로 인구 이동 → 농촌 인구 감소 및 고령화, 도시와 농촌 간 소득 격차, 농가 부채 문제 등

② 새마을 운동[3] : 농촌 환경 개선 및 소득 증대 추구, 근면 · 자조 · 협동 강조

③ 농민 운동 : 함평 고구마 피해 보상 투쟁이 계기 → 전국적 농민 단체 구성

(3) 노동 운동

① 산업화 과정에서 노동자 증가, 성장 위주의 정책 → 열악한 작업 환경, 장시간 노동 및 저임금

② 전태일 분신(1970) : 노동 운동 본격화(YH 무역 사건[4] 등)

③ 6월 민주 항쟁 이후 : 노동 운동 활성화(노동조합 증가, 전국 민주 노동조합 총연맹 결성, 노사정 위원회 구성 등)

(4) 대중 문화의 발달

① 대중 매체의 보급 : 신문, 텔레비전 등

② 박정희 정부 : 대중 매체를 이용하여 반공 의식 고취 및 정부 시책 홍보

③ 전두환 정부 : 프로 스포츠 등장, 대중 매체를 통해 언론과 문화 통제

④ 1990년대 이후 : 한류 열풍(드라마 수출 등)

■ 전태일의 분신

종업원의 90% 이상이 평균 연령 18세의 여성입니다. 근로 기준법이 없다고 하더라도 인간으로서 어떻게 여자에게 하루 15시간의 작업을 강요합니까? …… 또한 3만여 명 중 40%를 차지하는 시다공들은 평균 연령 15세의 어린이들로서 육체적으로 정신적으로 성장기에 있는 이들은 회복할 수 없는 결정적이고 치명적인 타격을 입고 있습니다. 전부가 영세민의 자녀들로서 굶주림과 어려운 현실을 이기려고 하루에 70원 내지 100원의 급료를 받으며 1일 15시간의 작업을 합니다. …… 저희들의 요구는 1일 15시간의 작업 시간을 1일 10시간~12시간으로 단축해 주십시오. 1개월 휴일 2일을 늘려서 일요일마다 휴일로 쉬기를 원합니다.…… 인간으로서의 최소한의 요구입니다.

– 대통령에게 드리는 글, 1969. 11.

3 새마을 운동 : 1970년 박정희 정부 때 시작한 범국민적 지역 사회 개발 운동이다. 정부가 농촌 사회를 통제하는 데 이용되기도 하였다.

4 YH 무역 사건 : 1979년 YH 무역 회사가 일방적으로 폐업 조치를 내린 데 맞서 여성 노동자들이 항의 시위를 하다가 경찰에게 진압당한 사건이다.

2 통일을 위한 노력

1. 북한의 변화와 실상

(1) 정치 변화

① 6 · 25 전쟁 後

- 김일성 1인 독재 체제 강화 : 비판 세력 숙청 등
- 사회주의 경제 체제 확립 : 소련과 중국의 원조, 협동 농장 조직, 생산 수단의 국유화, 천리마 운동(1956)[5]

② 김일성 유일 독재 체제 확립

- 김일성 우상화 작업 : 중 · 소 분쟁(1960년대)[6] → 북한의 독자 자주 노선 추구 → 주체 사상 수립(1960년대 후반 국가 통치 이념으로 채택)
- 사회주의 헌법 제정(1972) : 주체사상을 통치 이념으로 명문화, 국가 주석제 도입 → 김일성이 주석에 취임(김일성 1인 지배 체제 구축)

③ 3대 권력 세습

- 김정일의 통치 : 김일성 사망(1994) 이후 유훈 통치, 선군 정치(군대 중심으로 사회 통제), 남북 정상 회담
- 김정은의 권력 세습 : 김정일 사망(2011) 이후 3대 권력 세습

(2) 경제 변화

① 자립 경제(1960~1970년대) : 중 · 소 분쟁으로 중국과 소련의 지원 중단 → 천리마 운동, 과도한 군사비, 자연재해 등 → 식량난, 원자재 및 에너지 부족 등 낙후 초래

② 경제 위기 극복 노력

1980년대	합영법 제정(합작 회사 경영법, 1984)
1990년대	나진 · 선봉 자유 무역 지대 설치(1991), 남한과의 경제 교류 확대(금강산 관광, 개성 공단 건설 등)
2000년대 이후	기업 경영의 자율성 확대, 시장 경제 부분 도입, 화폐 개혁(→ 실패) 등

2. 통일을 위한 노력

(1) 6 · 25 전쟁 후 남북 갈등 심화

이승만 정부	남북 간 적개심 고조 : 반공 강조, 북진 통일론 주장
장면 내각	민간 차원의 통일 운동 활성화(정부는 반대 → 국민의 반발)
박정희 정부	강경한 반공 정책, 북한의 무장 공비 침투 → 남북 갈등 고조

5 천리마 운동 : 전후 폐허가 된 경제를 복구하기 위한 정책의 일환으로, 노동력을 최대한 동원하여 생산 증대를 꾀하려 한 운동이다.

6 중 · 소 분쟁 : 사회주의에 대한 해석 및 국경 문제 등으로 중국과 소련이 대립하였다.

(2) 1970년대 이후 남북 관계 개선

① 배경 : 닉슨 독트린으로 냉전 체제 완화 → 남북 적십자 회담

② 7 · 4 남북 공동 성명(1972)

- 통일 3대 원칙 발표(자주, 평화, 민족 대단결) → 남북 조절 위원회 설치
- 의의 : 통일에 관한 최초의 남북 합의

③ 남북 교류의 진전

전두환 정부	이산 가족 고향 방문, 예술 공연단 교환
노태우 정부	• 남북한 유엔(UN) 동시 가입(1991) • 남북 기본 합의서 채택 : 남북한 정부 간에 이루어진 최초의 공식 합의서 • 한반도 비핵화 공동 선언 채택(1991)
김영삼 정부	• 북한의 핵 확산 금지 조약(NPT) 탈퇴, 핵 개발 의혹 → 남북 관계 경색 • 한민족 공동체 건설을 위한 3단계 통일 방안 제시 : 화해와 협력 → 남북 연합 → 통일 국가 완성
김대중 정부	• 대북 화해 협력 정책(햇볕 정책) : 정주영 방북(소 떼), 금강산 관광 • 남북 정상 회담(2000) : 6 · 15 남북 공동 선언 발표 → 이산 가족 상봉 재개, 개성 공단 건설 등 교류 활성화
노무현 정부	제2차 남북 정상 회담(2007) → 10 · 4 남북 공동 선언 발표
이명박 정부	북한의 연평도 포격(2010) → 남북 관계 경색

■ 7 · 4 남북 공동 성명(1972)

쌍방은 다음과 같은 조국 통일 원칙들에 합의를 보았다.
첫째, 통일은 외세에 의존하거나 외세의 간섭을 받지 않고 자주적으로 해결해야 한다.
둘째, 통일은 상대를 반대하는 무력 행사에 의거하지 않고 평화적 방법으로 실현해야 한다.
셋째, 사상과 이념, 제도의 차이를 초월하여 하나의 민족으로서 민족적 대단결을 도모하여야 한다.

■ 6 · 15 남북 공동 선언(2000. 6. 15.)

1. 나라의 통일 문제를 우리 민족끼리 서로 힘을 합쳐 자주적으로 해결해 나가기로 하였다.
2. 나라의 통일을 위한 남측의 연합제 안과 북측의 낮은 단계의 연방제 안이 서로 공통성이 있다고 인정하고, 이 방향에서 통일을 지향하기로 하였다.
3. 이산 가족 방문단을 교환하며, 비전향 장기수 문제를 해결하는 등 인도적 문제를 조속히 풀어 나가기로 하였다.
4. 경제 협력을 통해 민족 경제를 균형적으로 발전시키고, 사회, 문화, 체육 등의 협력과 교류를 활성화하여 서로의 신뢰를 다져 나가기로 하였다.

3 세계와 대한민국

1. 동북아시아의 역사와 영토 갈등

(1) 일본과의 갈등

① 독도 영유권 문제

일본	• 시마네 현 고시(1905) : 러 · 일 전쟁 중 독도를 자국 영토에 편입 • 독도의 영토 분쟁 지역화 시도(국제 사법 재판소에 독도 문제 제소 시도) • 다케시마의 날 제정 • 학습 지도 요령 발간 : 독도의 일본 영토 교육 강조
한국	• 역사에 우리 영토로 기록 : 삼국사기(신라 지증왕 때 우리 영토로 편입), 숙종실록(안용복이 독도가 우리 영토임을 재확인), 대한 제국 칙령 등 • 독도에 경북 지방 경찰청 독도 경비대 파견 및 민간인 거주

② 일본의 역사 왜곡 : 한국의 식민 지배 정당화, 침략 전쟁 미화, 역사 교과서 왜곡, 일본군 위안부에 대한 사과 및 배상 거부 등

(2) 중국의 역사 왜곡 – 동북 공정

① 배경 : 소수 민족의 분리 독립 방지 → 통일적 다민족 국가론 주장(중국 내의 민족 모두가 중화 민족이고 중국의 역사라는 주장) → 동북 공정, 서남 공정(티베트), 서북 공정(신장 위구르) 등 역사 왜곡

② 내용 : 고조선, 고구려, 발해를 중국사의 일부로 편입

NOTE

Step 3 표를 통해 단원 복습하기

1. 경제 발전

◇ 전후 복구와 원조 경제

전후 복구	산업 시설 복구, 귀속 재산과 원조 물자를 민간에 불하(→ 정경 유착)
원조 경제	미국의 경제 원조 : 삼백 산업 발달

◇ 경제 개발 5개년 계획 및 경제 성장에 따른 문제점

제1,2차	• 제1차 : 수출 위주의 경제 성장 추구(노동 집약적 산업 육성) • 제2차 : 베트남 특수(경제 개발 자금 확보), 경부 고속 국도 개통
제3,4차	• 내용 : 중화학 공업 육성, 수출액 100억 달러 달성 • 석유 파동에 따른 위기
문제점	성장 위주의 경제 정책, 대기업 중심의 지원 정책, 급격한 도시화와 산업화

◇ 1980년대 이후의 경제 변화

전두환 정부	3저 호황 : 저유가 · 저금리 · 저달러 현상
김영삼 정부	경제 협력 개발 기구(OECD) 가입, 금융 실명제 실시, 외환 위기
김대중 정부	공기업 구조 조정, 일부 은행과 대기업 매각, 노사정 위원회 구성, 금 모으기 운동 등 → 국제 통화 기금(IMF)의 지원금 조기 상환
노무현 정부	미국과 자유 무역 협정(FTA) 체결,
이명박 정부	친 기업적 경제 성장 정책 : 소득 불균형 심화

◇ 현대 사회의 변화

산업화와 도시화	도시 문제 발생(주택 부족, 교통 문제, 환경 문제, 도시 빈민 등)
농촌의 변화	• 새마을 운동 : 근면 · 자조 · 협동 강조 • 농민 운동 : 함평 고구마 피해 보상 투쟁 → 전국적 농민 단체 구성
노동 운동	• 전태일 분신(1970) : 노동 운동 본격화 • 6월 민주 항쟁 이후 : 노동 운동 활성화
대중 문화의 발달	• 대중 매체의 보급 : 신문, 텔레비전 등 • 박정희 정부 : 대중 매체를 이용하여 반공 의식 고취 및 정부 시책 홍보 • 전두환 정부 : 프로 스포츠 등장, 대중 매체를 통해 언론과 문화 통제 • 1990년대 이후 : 한류 열풍(드라마 수출 등)

2. 통일을 위한 노력

◇ 북한의 변화와 실상

정치 변화	• 6 · 25 전쟁 후 : 김일성 1인 독재 체제 강화, 사회주의 경제 체제 확립 • 김일성 유일 독재 체제 확립 • 3대 권력 세습 : 김정일(선군 정치) → 김정은
경제 변화	• 자립 경제 : 천리마 운동 • 경제 위기 극복 노력 : 합영법 제정, 나진 · 선봉 자유 무역 지대 설치, 남한과의 경제 교류 확대(금강산 관광, 개성 공단 건설 등), 기업 경영의 자율성 확대, 시장 경제 부분 도입, 화폐 개혁 등

◇ 통일을 위한 노력

이승만 정부	반공 강조, 북진 통일론 주장
장면 내각	민간 차원의 통일 운동 활성화
박정희 정부	• 강경한 반공 정책, 북한의 무장 공비 침투 → 남북 갈등 고조 • 냉전 체제 완화 : 남북 적십자 회담, 7 · 4 남북 공동 성명(통일 3대 원칙 발표 – 자주 · 평화 · 민족 대단결, 이후 남북 조절 위원회 설치)
전두환 정부	이산 가족 고향 방문
노태우 정부	남북한 유엔(UN) 동시 가입, 남북 기본 합의서 채택, 한반도 비핵화 공동 선언 채택
김영삼 정부	남북 관계 경색
김대중 정부	대북 화해 협력 정책(햇볕 정책, 정주영 방북, 금강산 관광), 남북 정상 회담(6 · 15 남북 공동 선언 발표 → 이산 가족 상봉 재개, 개성 공단 건설 등 교류 활성화)
노무현 정부	제2차 남북 정상 회담 → 10 · 4 남북 공동 선언 발표
이명박 정부	북한의 연평도 포격 → 남북 관계 경색

3. 세계와 대한민국 – 동북아시아의 역사와 영토 갈등

<table>
<tr><td rowspan="4">일본</td><td colspan="2">• 독도 영유권 문제</td></tr>
<tr><td>일본</td><td>• 시마네 현 고시 : 러 · 일 전쟁 중 독도를 자국 영토에 편입
• 독도의 영토 분쟁 지역화 시도
• 다케시마의 날 제정
• 학습 지도 요령 발간 : 독도의 일본 영토 교육 강조</td></tr>
<tr><td>한국</td><td>• 역사에 우리 영토로 기록 : 삼국사기, 숙종실록, 대한제국 칙령 등
• 독도에 경북 지방 경찰청 독도 경비대 파견 및 민간인 거주</td></tr>
<tr><td colspan="2">• 일본의 역사 왜곡 : 한국의 식민 지배 정당화, 침략 전쟁 미화, 역사 교과서 왜곡, 일본군 위안부에 대한 사과 및 배상 거부 등</td></tr>
<tr><td>중국</td><td colspan="2">동북 공정 : 고조선, 고구려, 발해를 중국사의 일부로 편입</td></tr>
</table>

Step 4 암기송을 들으며 가사 완성하기

Track 30

1 경제 발전

6 · 25 전쟁 이후 경제적으로 무너진 우리는 미국의 원조를 받아 ❶ ________이 발달해.

1960년대 ❷ ______ 정부는 경제 개발 5개년 계획을 실시해.

제1차 경제 개발 계획은 노동 집약적인 산업을 육성.

2차는 베트남 전쟁 특수. ❸ ____________가 개통됐어.

1970년대 제3차, 4차 경제 개발 계획은 ❹ ______ 공업 육성.

석유 파동에 따른 위기 있었지만 극복했어.

농촌 개발을 위해 ❺ ____________도 전개.

수출이 증가하고 1977년 100억 달러 달성. ❻ ____________을 이뤄냈지.

이건 결코 혼자 이뤄낼 수 없었던 우리 아버지네들의 이야기.
근로 기준법을 준수하라 절규했던 ❼ ______의 추락.

1980년대 전두환 정부 때 저유가, 저달러, 저금리의 ❽ ________

김영삼 정부 때 OECD에 가입하지. ❾ ____________를 실시해.

하지만 IMF 외환 위기에 직면해.

김대중 정부 때 극복. 2000년대 이후 첨단 산업 발전. 미국과 ❿ ______ 체결해.

2 통일을 위한 노력

1970년대 냉전이 완화되자 남과 북은 서로 만나 ❶__________ 회담이 개최되고,

자주, 평화, 민족 대단결에 합의하는 ❷__________을 발표.

1991년 남북한은 동시에 ❸______에 가입해. ❹__________를 채택해.

김대중 정부의 햇볕 정책으로 ❺__________ 이루어지고

정주영은 소 떼를 몰고 방북해.

2000년 ❻__________ 개최돼, 6 · 15 남북 공동 선언 발표.

❼__________ 조성되기 시작하고 2007년에

제2차 남북 정상 회담 개최, 10 · 4 남북 공동 선언 발표돼.

암/기/송/문/제/정/답

1. ① 삼백 산업 ② 박정희 ③ 경부고속국도 ④ 중화학 ⑤ 새마을 운동 ⑥ 한강의 기적 ⑦ 전태일 ⑧ 3저 호황 ⑨ 금융실명제 ⑩ FTA
2. ① 남북 적십자 ② 7 · 4 남북 공동 성명 ③ UN ④ 남북 기본 합의서 ⑤ 금강산 관광 ⑥ 남북 정상 회담 ⑦ 개성 공업 단지

Step 5 핵심 문제를 통해 단원 마무리 짓기

실 / 전 / 문 / 제

1. OX 퀴즈

1 6 · 25 전쟁 후 귀속 재산과 원조 물자를 민간에 불하하는 과정에서 특정 기업에 혜택이 집중되어 정경 유착 문제가 발생하였다. ( )

2 1950년대 말 미국의 경제 원조가 축소되고 유상 차관으로 전환되면서 기업이 도산하고 실업률이 상승하였다. ( )

3 미국이 베트남 전쟁 파병 대가로 한국에 경제 원조를 제공할 것을 약속하였다. ( )

4 1970년대 미국에 광부와 간호사를 파견하여 외화를 벌어들였다. ( )

5 제1차 석유 파동 때 중동 건설 사업에 우리 기업이 대거 참여하여 벌어온 달러로 극복하였다. ( )

6 경제 성장 과정에서 분배 위주의 경제 정책으로 경제의 대외 의존도가 심화되고 고도성장의 혜택이 편중되는 문제점이 발생하였다. ( )

7 김대중 정부는 공기업 구조 조정, 일부 은행과 대기업 매각, 금 모으기 운동 등을 통해 IMF의 지원금을 조기에 상환할 수 있었다. ( )

8 산업화와 도시화로 도시로 인구가 이동하면서 주택 부족, 교통 문제, 환경 문제, 도시 빈민 문제 등이 발생하였다. ( )

9 북한은 중 · 소 분쟁으로 중국과 소련의 지원이 중단되자 천리마 운동 등을 실시하며 자립 경제를 추구하였다. ( )

10 6 · 25 전쟁 후 남북 간 적개심이 고조되다가 1970년대 이후 냉전 체제가 강화되면서 남북 관계가 개선되었다. ( )

2. 빈칸 채우기

1 6 · 25 전쟁 후 농산물과 면화, 설탕, 밀가루 등 소비재 산업 원료 위주로 (   )으로부터 경제 원조를 받았다.

2 제1차 경제 개발 5개년 계획을 통해 박정희 정부는 (   ) 위주의 경제 성장을 추구하여 노동 집약적 산업을 육성하였다.

3 제3, 4차 경제 개발 5개년 계획을 통해 박정희 정부는 (   ) 공업을 육성하기 위해 포항 제

철을 중심으로 대규모 공업 단지를 건설하였다.

4 (　　　　) 중심의 지원 정책으로 재벌 중심의 기업 문화가 형성되고 정경 유착이 발생하였다.

5 (　　　　)는 회원국에 국가 간 자유 무역 협정 체결을 강요하여 시장을 개방할 것을 요구하였다.

6 김영삼 정부 시절인 1996년 우리나라는 (　　　　)에 가입하였다.

7 (　　　　) 정부는 미국과 자유 무역 협정을 체결하고, 독점 기업에 대한 규제를 강화하였으며, 빈부 격차를 해소하고자 노력하였다.

8 1990년대 북한은 경제 위기를 극복하기 위해 남한과의 경제 교류를 확대하며 (　　　　) 관광을 실시하였다.

9 (　　　　) 정부는 대북 화해 협력 정책(햇볕 정책)을 실시하여 정주영이 소 떼를 몰고 방북하고 금강산 관광을 실시하였다.

10 일본은 (　　　　)가 자국 영토라 주장하고 있지만 (　　　　)는 삼국사기, 숙종실록, 대한 제국 칙령 등 역사에 우리 영토로 기록되어 있다.

3. 초성 퀴즈

1 제2차 경제 개발 5개년 계획 당시 어떤 나라의 전쟁 특수로 경제 개발 자금을 확보하였나?

……ㅂㅌㄴ (　　　　)

2 1970년대 빠른 경제 성장으로 수출액 100억 달러를 달성한 것을 무엇이라 부르는가?

……ㅎㄱㅇ ㄱㅈ (　　　　)

3 전두환 정부 당시 고도 성장을 가능케 한 3저 호황은 어떤 현상을 말하는가?

……ㅈㅇㄱ · ㅈㄱㄹ · ㅈㄷㄹ (　　　　)

4 1997년 외환 위기로 어디로부터 긴급 구제 금융을 지원받았나?

……ㄱㅈ ㅌㅎ ㄱㄱ (　　　　)

5 농촌 환경 개선 및 소득 증대를 추구하며 근면 · 자조 · 협동을 강조한 운동은?

……ㅅㅁㅇ ㅇㄷ (　　　　)

6 열악한 작업 환경 및 장시간 노동과 저임금에 시달리던 노동자들은 누구의 분신을 계기로 노동 운동을 본격화하였나? ……ㅈㅌㅇ (　　　　)

7 남북한이 7 · 4 남북 공동 성명을 통해 합의한 통일의 3대 원칙은?

……ㅈㅈ · ㅍㅎ · ㅁㅈ ㄷㄷㄱ (　　　　)

8 노태우 정부 시절 채택된 남북한 정부 간에 이루어진 최초의 공식 합의서는?

……ㄴㅂ ㄱㅂ ㅎㅇㅅ (　　　　)

9 한국의 식민 지배를 정당화하고 침략 전쟁을 미화하는 등 역사 교과서를 왜곡하고 위안부에 대한 사과 및 배상을 거부하고 있는 나라는? ································ ㅇㅂ (   )

10 중국이 소수 민족의 분리 독립을 방지하기 위해 통일적 다민족 국가론을 주장하며 고조선, 고구려, 발해를 중국사의 일부로 편입하려는 시도를 무엇이라 하는가? ·················· ㄷㅂㄱㅈ (   )

NOTE

실전 문제 정답

1 OX 퀴즈

1.O 2.O 3.O 4.X 5.O 6.X 7.O 8.O 9.O 10.X

2 빈칸 채우기

1.미국 2.수출 3.중화학 4.대기업 5.세계 무역 기구(WTO) 6.경제 협력 개발 기구(OECD) 7.노무현 8.금강산 9.김대중 10.독도

3 초성 퀴즈

1.베트남 2.한강의 기적 3.저유가 · 저금리 · 저달러 4.국제 통화 기금 5.새마을 운동 6.전태일 7.자주 · 평화 · 민족 대단결 8.남북 기본 합의서 9.일본 10.동북 공정